La citoyenneté dans l'intégration des États en Afrique : Réflexions sur la construction de la citoyenneté démocratique dans la Communauté économique des États de l'Afrique de l'Ouest

Mamadou Diawara

La citoyenneté dans l'intégration des États en Afrique : Réflexions sur la construction de la citoyenneté démocratique dans la Communauté économique des États de l'Afrique de l'Ouest

L'Harmattan Sénégal

10 VDN, Sicap Amitié 3, Lotissement Cité Police, DAKAR

http://www.harmattansenegal.com
senharmattan@gmail.com
senlibrairie@gmail.com

ISBN : 978-2-14-027304-9
EAN : 9782140273049

RÉSUMÉ

La citoyenneté est un enjeu majeur de la construction de la Communauté économique des États de l'Afrique de l'Ouest. Au départ, le ressortissant d'un État membre n'a pu être appréhendé par le droit de l'intégration qu'en termes d'agent économique se déplaçant dans l'espace intra-communautaire. Or le concept même de « *citoyenneté communautaire* » a un objectif beaucoup plus ambitieux, car il tend à assurer l'insertion du ressortissant communautaire dans la vie sociale, économique, culturelle, voire politique de l'État membre dont il n'est pas ressortissant, mais sur le territoire duquel il réside. Aujourd'hui, le problème de la mobilité des personnes à l'intérieur de l'Afrique de l'Ouest n'est plus économique, il se pose plutôt dans une perspective juridique et politique. Cependant, les États membres hésitent entre un engagement plus profond et la liberté illusoire qui découle de la flexibilité, véritable standard de la diplomatie de ces pays au long de leur histoire récente. Ces hésitations sont liées aux disputes internes qui sont en cours dans chaque État. Cependant, la fracture est transnationale, on trouvera, et cela au sein même des gouvernements, des positions qui vont du total mépris de la citoyenneté communautaire ou de la simple ignorance de son existence.

La politique communautaire de la CEDEAO n'a de sens que si les citoyens se sentent effectivement concernés et visés par les prises de décision et les actions de l'organisation. Les chefs d'État et de gouvernement doivent changer leur façon de gérer les crises dans les États, et montrer que la CEDEAO doit être celle des peuples avant d'être celle des Chefs d'État. La dynamique du marché commun doit être relancée. L'enjeu est à la fois de créer un cadre propice autour de la croissance économique, de rétablir la confiance des citoyens dans le processus de l'intégration et de répondre au défi de la cohésion. À cette fin, les citoyens communautaires doivent pouvoir exercer pleinement leur droit à la libre circulation sans contrainte, ni entrave.

L'AUTEUR

Mamadou DIAWARA est docteur en droit privé, obtenu à l'université Cheikh Anta DIOP, de Dakar. Enseignant-chercheur chargé de cours à l'université des sciences juridiques et politiques de Bamako. Il est l'auteur de « L'intégration juridique et le développement économique : contribution à l'analyse économique du droit OHADA ». Il s'intéresse plus particulièrement au droit des affaires, droit économique, droit processuel et au droit de l'intégration africaine.

DÉDICACES

À mes parents…

À mes amis…

À mes collègues…

À mes maîtres…

À tous ceux ou celles qui s'intéressent à l'intégration africaine.

REMERCIEMENTS

Je remercie tous ceux qui de près ou de loin m'ont soutenu, encouragé dans la rédaction de cet ouvrage. Il s'agit de mes amis Samba DIAMBOU, Ichiaka COULIBALY, Dr Amadou Tidiane SOW, et Yacouba BORO.

PRÉFACE

L'intégration en Afrique a une histoire riche en enseignements. Les États africains, sous « l'appui » des puissances coloniales, ont tenté de nombreuses expériences d'intégration dont les retombées économiques ou politiques sont encore à rechercher.

Le présent ouvrage de Mamadou DIAWARA est une heureuse contribution à l'analyse des finalités des processus d'intégration qui, dans bien des cas, ne semblent pas reconnaître au citoyen, à la citoyenneté, la place qui lui revient. Cet ouvrage, par son intitulé, est une invite à une réflexion critique sur « La Citoyenneté dans l'intégration des États en Afrique : réflexion sur la construction de la citoyenneté démocratique dans la CEDEAO ».

En effet, Monsieur DIAWARA a eu le courage de s'attaquer à un sujet difficile, la citoyenneté, ainsi que sa construction démocratique en Afrique, qui ouvre en perspective des pistes de réflexion pour l'avenir d'une intégration plus juste et acceptable. Dans une communauté économique qui subit les effets de la mondialisation économique et financière, où les crises multidimensionnelles sont à l'ordre du jour, l'émergence récente de l'intervention cumulée de la CEDEAO dans les États membres, la question de la citoyenneté devient alors un sujet fort intéressant, d'ailleurs peu abordé.

C'est avec beaucoup d'émotions que je consacre ses quelques mots en guise de préface de l'ouvrage d'un jeune enseignant-chercheur, l'un de ceux que j'ai accompagnés pendant quelques années sur le difficile chemin de la recherche doctorale.

Nul doute que le présent ouvrage constitue, au-delà de la belle thèse qu'il a soutenue devant un jury relevé et pluridisciplinaire (composé d'un historien, de juristes, d'un économiste), les bases d'une belle carrière dans l'enseignement et la recherche.

Professeur Yaya BODIAN
Agrégé des Facultés de Droit,
Maître de Conférences
à l'Université Cheikh Anta de Dakar

AVANT-PROPOS

L'ouvrage intitulé « *La citoyenneté dans l'intégration des États en Afrique : réflexion sur la construction de la citoyenneté démocratique dans la CEDEAO* » est à la fois une nouvelle œuvre et une œuvre nouvelle. Une nouvelle œuvre est une œuvre nouvelle à la double condition cumulative de receler des bonnes et nouvelles choses et que les bonnes choses soient nouvelles et les nouvelles choses soient bonnes.

Imparablement, l'ouvrage de Monsieur DIAWARA satisfait ces deux conditions. Voici un ouvrage actuel qui répond tout naturellement aux préoccupations les plus nobles des chercheurs, des étudiants, de l'opinion publique et des décideurs politiques. Il constitue sans doute un outil de compréhension des enjeux de l'intégration ouest-africaine dans sa dimension sociale et politique que les lecteurs de tous les horizons ont désormais à portée de mains.

Écrit dans un style clair, limpide et généreux, l'auteur y explique tous les instruments juridiques applicables en matière de mobilité des personnes, ainsi que le protocole de 1982 portant code de la citoyenneté. Il insiste beaucoup sur la nécessité de tracer les nouvelles perspectives pour une citoyenneté ouest-africaine plus effective.

La citoyenneté est habilement placée dans une perspective de rapprochement des États membres et ses implications dans le marché commun africain. La démonstration scientifique est faite que si les États membres de la CEDEAO veulent gagner le pari de l'intégration économique, ils doivent forcément réorienter les politiques publiques par la prise en compte des préoccupations des citoyens dans les actions communautaires pour éviter de passer pour une « CEDEAO des chefs d'État ».

Une œuvre recèle toujours une part de son auteur. L'œuvre que j'ai l'insigne honneur de préfacer ne fait nullement exception. Tout comme son livre, Monsieur DIAWARA que j'ai connu à mes débuts d'enseignant à la Faculté des Sciences juridiques et politiques de Bamako a retenu mon attention par ses prises de position toujours prospectives, sa lucidité et son engagement citoyen.

Le lecteur comprendra dès lors, le vif intérêt et le plaisir singulier qui peuvent habiter le professeur d'un jour en préfaçant cet ouvrage !

Malick Coulibaly

Docteur en Droit privé et Sciences criminelles
Ancien ministre de la Justice et des Droits de l'Homme, Garde des Sceaux du Mali

SOMMAIRE

« La longue nuit est morte ! Peuples colonisés et peuples opprimés du monde entier, unissez-vous ! ».

Kwame NKRUMAH, lors de son discours au VI Congrès Panafricain de Manchester, en octobre 1945

INTRODUCTION

« La citoyenneté communautaire est
la pierre angulaire de l'intégration africaine »

1. La citoyenneté est un concept aux facettes multiples qui depuis plusieurs années est omniprésent dans le discours public. Tout semble objet de citoyenneté : on parle de nouvelle citoyenneté, de citoyenneté sociale, économique, civile, politique, écologique, culturelle, voire même numérique sans que ces expressions répondent à des définitions claires et précises. Le concept de citoyen est devenu un lieu commun, pratique et interchangeable, à tel point que l'on est en droit de se demander si ses multiples dérivés, n'ont pas pour enjeu de satisfaire des tentatives de constructions idéologiques particulières, susceptibles de détourner l'idée de citoyenneté de son acception première.

2. La notion de la citoyenneté est une notion plus polysémique que celle de nationalité. La notion revêt une diversité de sens selon qu'il est appréhendé d'un point de vue juridique, social, civil ou politique[1]. Si la nationalité est un objet d'étude quasiment exclusif des juristes, la citoyenneté est au centre de débats philosophiques, sociologiques, historiques et politistes qui influencent naturellement le regard des juristes. En outre, le concept de citoyenneté est utilisé pour désigner de multiples réalités : un mode de participation, une appartenance, des droits et

---

[1] D. SCHNAPPER, « *Qu'est-ce que la citoyenneté ?* » Gallimard, 2000, p. 320.

devoirs, une identité, des formes d'engagement (le sens civique), un statut[2]. De plus, il est utilisé comme facteur de légitimation de pratiques sociales. En réalité, la citoyenneté est une notion juridique sans unité conceptuelle c'est-à-dire un concept flou[3].

3. Nous ne chercherons pas à proposer une nouvelle définition de la citoyenneté, loin s'en faut, l'entreprise étant à l'évidence controversée, du point de vue même des milieux les plus autorisés. Il serait pour le moins hasardeux de dégager des critères précis, non contingents de délimitation de la citoyenneté.

4. Pour revenir à l'origine de cette notion, tenter de définir la « *citoyenneté* » n'est pas une tâche facile et pour cause « *le mot citoyen est fréquemment synonyme de national* » et « *la formation du concept et son universalité ne permettent pas de donner un contenu précis à la citoyenneté si ce n'est une vague idée de participation démocratique qui couvre tous les régimes politiques actuellement existants*[4] ». Pour illustrer les difficultés liées à une telle définition, il suffit de montrer les différentes d'interprétation de ladite notion tout au long de l'histoire. Il s'agit en effet, d'une construction évolutive qui aboutit à une définition au cours du temps.

---

[2] F. JAULT-SESEKE, S. CORNELOUP, S. BARBOU DES PLACES, « *Droit de la nationalité et des étrangers* », PUF, Paris, 2015, p. 30.

[3] D. LOCHAK, « La citoyenneté, un concept juridique flou », in D. COLAS, C. EMERI, J. ZYLBERG (sous dir.), « *Citoyenneté et nationalité. Perspectives en France et au Québec* », PUF, 1991, p. 179 cité F. JAULT-SESEKE, S. CORNELOUP, S. BARBOU DES PLACES, « *Droit de la nationalité et des étrangers* », PUF, Paris, 2015, p. 30.

[4] L. MATALA-TALA, « De la citoyenneté au XXIe siècle », in « État, Société et Pouvoir à l'aube du XXIe siècle », Mélanges en l'honneur de François BORELLA, Presses universitaires de Nancy, 1999, p. 298. Voir également F. BORELLA, « *Citoyenneté et nationalité. Perspectives en France et au Québec* », D. COLAS, C. EMERI, J. ZYLBERBERG (sous dir.), PUF, Paris, 1991, p. 221.

5. Ainsi, rappelons que pour le Dictionnaire de l'Académie française (1964), le citoyen est l'équivalent du citadin, le résident d'une même cité, même si tout au long du XVIIIe siècle, témoigne de l'apparition d'une notion statutaire de la citoyenneté, autonome et productrice des droits propres déconnectée des statuts particuliers. Cette définition semble dès lors confondre des notions de « *nationaux* » et de « *citoyens* ». Or, dans la conception moderne de cette notion, Jean BODIN, dans les six livres de la République (1961) distingue nettement les termes « *Nation* » et « *citoyen* ». Pour lui, le citoyen s'oppose à l'étranger : « *le citoyen est soumis au Prince, qu'il soit homme libre, esclave ou étranger, le "citoyen" est le "naturel" de la République*[5] ».

6. À ce titre le souverain doit à son citoyen « *pour la foi et l'obéissance qu'il reçoit (...) justice, confort, aide et protection, ce qui n'est point dû aux étrangers*[6] ». Progressivement, et parallèlement à l'apparition des libertés fondamentales, ce citoyen, sujet du Prince, devient titulaire des droits et obligations propres qui en font un être politique. Il s'en suit qu'à travers les principes démocratiques, parmi lesquels on retrouve la citoyenneté, « *le citoyen remplace le sujet parce qu'il jouit des droits, des libertés, d'obligations qui en font un être politique actif dans un système de gouvernement par la base. Que la souveraineté démocratique soit dans la nation ou dans le peuple importe peu puisque l'un et l'autre sont concrètement composés des citoyens, qu'il faut alors distinguer des nationaux*[7] ». Le XIXe siècle

---

[5] J. BODIN, « Les six livres de la République », Paris, 1583, I, VI, p. 100.

[6] J. T. HOTTINGER, « La citoyenneté de l'Union européenne : reconfiguration des citoyennetés en Europe », in P. BOSSET, M. COUTU, C. GENDREAU, D. VILLENEUVE (sous dir.), « *Droits fondamentaux et citoyenneté. Une citoyenneté fragmentée, limitée et illusoire* », éd. Thémis, 2005, p. 254.

[7] L. MATALA-TALA, « De la citoyenneté au XXIème siècle », in « *État, Société et Pouvoir à l'aube du XXIe siècle* », *op. cit.*, p. 301.

témoigne du processus d'extension des droits liés à la citoyenneté. Cette dernière s'est libérée du lien assujettissement entre le Prince et le sujet, sans toutefois dépasser le cadre d'État-nation, c'est-à-dire elle demeure liée à la possession d'une nationalité étatique.

7. On ne rencontre pas plus le citoyen que l'homme, le citoyen est un sujet de droit. Il dispose à ce titre de droit civil et politique. Il jouit des libertés individuelles, la liberté de conscience et d'expression.

8. La liberté d'aller et de venir, de se marier d'être présumé innocent s'il est arrêté par la police et présenté à la justice, d'avoir un avocat pour le défendre, d'être traité par la justice selon une loi égale pour tous. Il dispose des droits politiques : participer à la vie politique et être candidat à toutes les fonctions publiques.

9. En revanche, il a l'obligation de respecter les lois de la république, de participer aux dépenses collectives en fonction de ses ressources et de défendre la société dont il est membre, si elle se trouve menacée. Mais la citoyenneté c'est aussi le principe de la légitimité politique. Le citoyen n'est pas seulement un sujet de droit. Il est détenteur d'une part de la souveraineté politique. C'est l'ensemble des citoyens, constitués en collectivité politique ou en « *communauté* » qui par l'élection, choisit les gouvernants. C'est l'ensemble des citoyens qui est à la source du pouvoir et qui justifie que les décisions prises par les gouvernements soient exécutées[8]. C'est l'ensemble des citoyens qui contrôle et sanctionne l'action des gouvernants issus de l'élection. Les gouvernés reconnaissent qu'ils doivent obéir aux ordres choisis par eux et rester sous leur contrôle.

10. Nous avons intériorisé l'idée de la citoyenneté au point qu'elle nous parait « *naturelle* ». Les sociétés organisées

---

[8] ROSANVALLON Pierre, « *La contre-démocratie : la politique à l'âge de la défiance* », éd., Seuil, Paris, p. 10.

par la citoyenneté sont pourtant très minoritaires dans l'histoire humaine. Les origines de cette idée sont anciennes, puisqu'elles remontent aux cités grecques de l'antiquité, mais la modernité politique née progressivement dans l'occident chrétien qui s'est imposée avec l'éclat au moment, des résolutions politiques des XVIIe et XVIIIe siècles en Angleterre, aux États-Unis, en France, a introduit, une rupture fondamentale. La citoyenneté moderne n'est pas celle de l'antiquité. En proclamant la souveraineté du citoyen, les révolutionnaires posaient un principe de transcendance des particularismes constitués en « *nation* ». Pour reprendre la formule de l'article 3[9] de la Déclaration des droits de l'homme et du citoyen, les citoyens cessaient d'être des individus concrets pour agir dans l'espace public en tant que citoyens.

11. C'est pourquoi ils devenaient en principe citoyens sur un pied d'égalité, quelles que fussent leurs origines historiques, leurs croyances et leurs pratiques religieuses, leurs appartenances sociales. Le citoyen avait, selon eux la capacité de s'arracher du moins partiellement, à ses enracinements particuliers et d'entrer, en droit en communication avec tous les autres. Il pouvait cesser d'être déterminé par son appartenance à un groupe réel.

12. Il était défini précisément par sa capacité de rompre avec les déterminations qui l'enfermaient dans une culture et un destin imposé par sa naissance, de se libérer des rôles prescrits.

13. Tous les hommes avaient vocation à accéder à la citoyenneté. Cette nouvelle légitimité impliquait un principe de séparation du religieux et du pouvoir politique. À partir

---

[9] La Déclaration des droits de l'homme et du citoyen dans son article 3 qui traite sur le même pied d'égalité, en affirmant que les citoyens cesseront d'être comme des individus concret dans l'espace public, en tant que des citoyens ; quel qu'en soit leur appartenance religieuse, leur croyance.

du moment où les hommes s'auto constituaient en pouvoir légitime, les églises se trouvent éliminer en tant que source de pouvoir. L'idée de séparation entre Églises et l'État avait été formulée dans les lettres sur la tolérance. Dans des sociétés fortement imprégnées de religiosité, les révolutionnaires voyaient aussi dans la raison, le moyen d'unir les hommes que la religion divisait. Il va de soi que ce principe ne conduisait pas à organiser telle ou telle forme concrète de séparation entre l'Église et l'État, qui devait faire l'objet de négociation[10].

14. À partir de ces principes nouveaux, la modernité politique se caractérise par des formes inédites fondées sur l'idée de *délégation* ou, en termes modernes, de *représentation.* C'est ainsi seulement que la république pouvait effectivement devenir le régime d'un grand pays. Les démocraties modernes ont inventé les institutions politiques par lesquelles cette représentation était assurée. Élections ; le Parlement ; Responsabilité des gouvernants devant les citoyens ou devant leurs représentants ; Participations des groupes sociaux et, en particulier des Partis politiques pour organiser la compétition pour le pouvoir.

15. Toutes ces institutions entre l'idéal de la participation directe des citoyens et la représentation ne sont jamais définitivement éliminées. Lorsque l'aspiration de la démocratie directe est forte, elle tend à établir un régime d'assemblée, émanation directe du corps électoral à accepter le referendum comme une forme normale de la pratique politique. La citoyenneté n'est pas une essence une fois pour tous qu'il importerait de maintenir et de transmettre. Qu'il s'agisse de la conception qu'on s'en fait ou des règles juridiques et, plus généralement, des institutions et des

---

[10] E. BERNARD, Y. DELOYE, « École et citoyenneté. L'individualisme républicain de Jules Ferry à Vichy : controverses », in Revue française de pédagogie, volume 115, 1996. Les collèges. pp. 124-126.

pratiques sociales qui l'organisent, elle ne cesse d'évoluer. C'est une construction historique.

16. Cependant, les États africains ont, hérité dans leur grande majorité le tracé des frontières de la colonisation qui s'est déroulée dans un cadre de concurrence entre les différents colonisateurs, à la suite de la conférence de Berlin des années 1885[11]. En effet, elles constituent les marques des colons sur les territoires conquis afin d'y affirmer leur souveraineté. Partant de là, elles faisaient de ces territoires des espaces de compétences territoriales étendues de la métropole[12]. Les frontières cristallisaient la séparation entre ethnies de la même tribu ou du même ancêtre, tout en les rendant étrangers les uns par rapport aux autres du fait de l'appartenance à des pays différents. Cette situation d'étranger va se manifester à travers le concept de la nationalité introduit dans ces sociétés.

À l'indépendance, les États africains ayant leur destin en main, ont choisi pour l'élimination des barrières qui constituaient des entraves à leur peuple.

17. Par conséquent, il était question pour les précurseurs des grandes politiques africaines de regroupement des États balkanisés, de réintégrer leurs peuples et pays désintégrés par le fait de la colonisation[13]. De cette considération, se dessinera notre fil de réflexion pour questionner la citoyenneté africaine malgré le tracé des frontières étatiques par les colons, ainsi que le renouveau de l'intégration dans sa dimension sociale et culturelle.

---

[11] A. B. TREDANO, « Intangibilité des frontières coloniales et espace étatique en Afrique », LGDJ, Paris, Coll. Bibliothèque africaine et malgache, 1989, p. 255.

[12] M. BAMBA, « *La liberté de circulation et le développement en Afrique de l'Ouest et du centre : cas des espaces CEDEAO et CEEAC-CEMAC* », Thèse de doctorat, Université Cheikh Anta de Dakar, p. 72.

[13] *Idem.*

18. À l'instar de la communauté européenne, le traité de Maastricht qui a introduit la « *citoyenneté européenne* »[14], dont la majeure partie a été purement et simplement reproduite par des organisations africaines en général et la Communauté économique des États de l'Afrique de l'Ouest en particulier. Porter un regard sur l'évolution et la mise en application du concept de la citoyenneté dans les États africains, permet de rendre compte de la tension permanente entre universalisme et particularisme, et de la difficulté qui repose sur le postulat d'un dédoublement théorique de l'individu qui, en tant que citoyen, est détaché de ses attaches primaires et se trouve ainsi capable d'accéder à la communauté et d'exercer sa part de souveraineté. La nationalisation du lien social s'est également opérée par un travail politique en profondeur pour produire l'unité nationale aux dépens des biens d'appartenance communautaire.

19. Les années 1990 ont marqué incontestablement un tournant dans l'histoire des organisations internationales en Afrique en général, et en Afrique de l'Ouest en particulier. Sous-région pionnière dans l'intégration des États sur le continent, l'Afrique de l'Ouest est en effet dominée par deux grandes organisations qui, non seulement ont élargi leurs domaines d'interventions, mais ont acquis de nouveaux pouvoirs à la faveur du renouvellement du projet d'intégration qui a eu lieu, respectivement, en 1993 (révision du traité de la CEDEAO[15]), et 1994 (révision du traité de l'UEMOA).

20. Dans le cadre de l'intégration ouest-africaine, la communauté économique des États de l'Afrique de l'Ouest

---

[14] I. GUY, BLANQUET MARC, « *Droit communautaire général* », p. 13.

[15] C'est vers les années 1990, que les organisations africaines se sont transformées en organisation d'intégration et beaucoup d'entre elles ont pensé aux domaines individuels notamment avec la notion de la citoyenneté communautaire. Voir A. SALL, « *Les mutations de l'intégration des États en Afrique de l'Ouest. Une approche institutionnelle* », L'Harmattan, Sénégal, 2006, p. 16.

créée par le traité du 28 mai 1973. La CEDEAO regroupe aujourd'hui quinze États de l'Afrique de l'Ouest : (Bénin, Burkina Faso, Cap-Vert, Côte d'Ivoire, Gambie, Ghana, Guinée-Bissau, Liberia, Mali, Niger, Nigeria, Sénégal, Sierra Leone, Togo). Son objectif principal est de favoriser l'intégration économique en promouvant la libre circulation des personnes, des marchandises par la constitution d'un marché commun régional sur les bases juridiques que sont :

21. L'article 59 du Traité constitutif ; le Protocole A/SP.1/5/79 de Dakar du 25 mai 1979 sur la libre circulation des personnes, le droit de résidence et d'établissement ; le Protocole A/P/3/5/82 du 29 mai 1982, signé à Cotonou portant code de la citoyenneté de la Communauté ; le Protocole A/SP.1/7/86 d'Abuja du 1er juillet 1986 relatif au droit de résidence ; le Protocole A/SP.2/5/90 de Banjul du 29 mai 1990 relatif au droit d'établissement.

22. Loi de 2016 instaurant la carte d'identité biométrique de la CEDEAO entérinée par la 46e conférence des chefs d'États et de gouvernements de la Communauté économique des États d'Afrique de l'Ouest (CEDEAO), tenue à Accra en juillet 2014 ; le Traité instituant la libre circulation des personnes qui signifie que tout ressortissant de la Communauté a le droit de se déplacer librement d'un État à un autre sans entrave. L'article 2 du Protocole A/P1/5/79 sur la libre circulation des personnes, le droit de résidence et d'établissement, en ses principes généraux, dispose : « *Les citoyens de la Communauté ont le droit d'entrer, de réaliser et de s'établir sur le territoire des États membres. Le droit d'entrée, de résidence et d'établissement mentionné sera établi progressivement, au cours d'une période maximum de quinze (15) ans, à compter de l'entrée en vigueur définitive du présent protocole, par l'abolition de tous les obstacles à la libre circulation des personnes et au droit de résidence et d'établissement* ».

23. Ainsi, la citoyenneté communautaire que nous venons d'évoquer est aujourd'hui volontiers jugée dévalorisée et inefficace. Comment la faire évoluer dans le processus d'intégration ouest-africaine ?

24. Plusieurs courants de réflexion se développent à ce sujet. Le premier est suscité par la construction communautaire « *la CEDEAO politique* ». La citoyenneté a été jusqu'à présent nationale, les institutions qui l'ont organisée et rendue effective ont été nationales. Or, les nations sont affaiblies dans leur rôle de sujets historique. Comment conjuguer la citoyenneté nationale et la citoyenneté communautaire ?

25. La citoyenneté peut-elle être renforcée ou accrue par l'avènement des organisations sous régionales en générale et en particulier la Communauté économique des États de l'Afrique de l'Ouest (CEDEAO), la citoyenneté nationale ou doit-elle être de nature différente ? C'est tout l'effort mené pour penser une citoyenneté communautaire fondée sur l'adhésion à l'État de droit et aux droits de l'homme « *le patriotisme constitutionnel* », qui soit détachée de l'adhésion à une culture, une langue et une histoire nationale.

26. Le deuxième courant s'interroge de la compatibilité de la citoyenneté politique avec l'existence de société ouverte. Les sociétés sont aujourd'hui plus ouvertes et plus diverses qu'autrefois, du moins le pense-t-on très généralement, et connaissent des revendications, inconnues dans les générations du passé, pour que les droits culturels de certains groupes de population ne soient plus laissés à la liberté des individus dans le privé, selon la conception classique, mais qu'ils soient publiquement reconnus. Faut-il désormais juger cette conception insuffisante et reconnaître publiquement que les « *droits culturels* », font partie intégrante des droits individuels que la modernité politique entend assurer ?

27. Le débat ne porte pas sur les droits « *culturels* » , au sens intellectuel du terme (droit à la lecture et à la connaissance scientifique, par exemple), mais au sens des « *droits de l'individu à posséder et à développer éventuellement en commun avec d'autres au sein d'un groupe défini par des valeurs et des traditions partagées, sa propre culture* ».

28. Principe qui, l'expérience a montré, doit rester un impératif et que personne ne remet plus en cause, et la reconnaissance publique de leurs spécificités culturelles qui sont, par nature collective. Enfin, dernière l'intégration, les sociétés modernes sont de plus en plus organisées autour d'un projet essentiellement économique et social, de moins en moins politique[16]. C'est le chômage ou les droits des salariés, et non la liberté politique ou la défense des droits de l'homme, qui sont au cœur des compagnes électorales. Comment faut-il repenser la citoyenneté communautaire qui organise effectivement les comportements collectifs dans des sociétés ouvertes en Afrique de l'Ouest[17] plus précisément en CEDEAO, où l'économie joue désormais un rôle prééminent ?

29. La citoyenneté est revenue en force dans les préoccupations des décideurs et des chercheurs dans l'intégration et suscite en conséquence un grand intérêt à la fois théorique et pratique. Elle continue, malgré tout, de rester une problématique complexe du fait, d'une part des enjeux qu'elle implique pour de sécurité et de paix à la recherche de stratégie de développement plus appropriées, et d'autre part des difficultés techniques de réalisation et de l'imprécision des instruments d'analyse et d'évaluation.

---

[16] ALAIN RENAUT et style mesure, alter ego. Les paradoxes de l'identité démocratique, coll., alto, aubier, paris 1999 (p. 143). Dès lors se pose le problème comment concilier la liberté et égalité individuelle de tous les citoyens.

[17] C'est apparition de la notion de citoyenneté de la communauté dans le protocole de 1982 qui marque, de la façon la plus claire, que la communauté a franchi les limites domaines économique et social.

30. Dès lors, il faudra se forger des outils opératoires pour résoudre la triple interrogation du **pour qui l'intégration, du pourquoi et du comment de l'intégration des citoyens** ?

Les différentes interrogations seront abordées au tour de deux points. Sa construction supranationale comme traduction des engagements réciproques des États membres (**Première partie**) et en second partie sa portée dans le marché commun (**Deuxième partie**).

PREMIÈRE PARTIE

LA CONSTRUCTION SUPRANATIONALE DE LA CITOYENNETÉ : UNE TRADUCTION DES ENGAGEMENTS RÉCIPROQUES DES ÉTATS MEMBRES

« Nous ne coalisons pas des États, nous unissons des hommes », Jean Monnet, Mémoires, Fayard, Paris, 1976.

31. C'est en Afrique de ouest que la citoyenneté dans l'intégration a pris véritablement forme avec l'adoption par les États membres de la CEDEAO d'un certain nombre de mesures visant, non seulement à rapprocher les populations de la région, mais aussi, et surtout à légitimer l'idée de l'émergence d'une citoyenneté communautaire voire même africaine. C'est en effet, dans son ambition de promouvoir la coopération et l'intégration dans la perspective d'une union économique de l'Afrique de l'ouest en vue d'élever le niveau de vie de ses peuples, de renforcer les relations entre les États membres et de contribuer au développement, que la communauté a introduit dans son traité fondateur le concept de « *citoyen de la communauté* » dont l'objectif est de lever tous les obstacles qui s'opposent à la liberté de mouvement et de résidence des citoyens ouest-africains à l'intérieur de la communauté, et de leur offrir la possibilité de travailler et d'exercer des activités commerciales, industrielles et libérales sur l'étendue du territoire communautaire.

32. Il convient tout d'abord de voir la consécration progressive des droits de citoyen communautaire dans le marché commun (**Chapitre I**), avant de voir la citoyenneté comme palliatif constitutionnel au déficit démocratique de l'intégration des États (**Chapitre II**).

CHAPITRE I

LA CONSÉCRATION DES DROITS DE CITOYENNETÉ DANS LE MARCHÉ COMMUN

33. La consécration d'une citoyenneté de la CEDEAO apparaît en réalité être une étape logique voire nécessaire à la mise en place du marché commun[18]. Il faut se rendre à l'évidence que la finalité première de l'intégration ouest-africaine est d'améliorer et d'accroître les échanges économiques entre les États membres. Les quatre grandes libertés garanties par le traité, à savoir la libre circulation des personnes, des capitaux, des services et des biens, sont avant tout des droits de nature économique. Le marché commun doit correspondre forcément à l'abolition des frontières et barrières intérieures de la communauté en garantissant ces quatre libertés fondamentales.

---

[18] Le marché commun *« est un espace économique commun à plusieurs États dans lequel les échanges s'effectuent dans les mêmes conditions qu'un marché intérieur »*, son existence suppose l'élimination des obstacles à la circulation entre les États, des marchandises, des services et des capitaux. Elle suppose également l'établissement d'un régime assurant que la concurrence n'est pas faussée. Elle ne nécessite pas cependant, la libre mobilité des personnes. En effet, la liberté de circulation des personnes n'est pas un élément fondamental, existentiel de l'union économique. Cette dernière « *est un stade avancé d'intégration économique qui implique une politique monétaire commune et des politiques économiques des États membres étroitement coordonnés* ». M. NGOM, « *Droit et intégration économique dans l'espace l'UEMOA : Le cas de la régulation juridique de la concurrence* », Thèse de doctorat, Université de Nantes, 2007, p. 14.

34. L'adoption du protocole sur la libre circulation des personnes, le droit de résidence et d'établissement pose les problèmes de la mobilité des citoyens dans l'espace CEDEAO. L'organisation a, en effet, consacré le droit à la mobilité des citoyens communautaires à travers plusieurs textes après le protocole 1979[19]. La consécration des droits du citoyen par les textes communautaires vise à surmonter les entraves liées à la libre circulation des personnes, au droit de résidence et d'établissement. C'est en effet, la condition essentielle pour garantir la cohérence de l'intégration économique. Ce n'est qu'en 1982 que la citoyenneté de la CEDEAO fut explicitement codifiée[20].

Cette codification juridique mélange deux critères : le principe de **nationalité** et celui de **résidence**. Nous aborderons donc à la suite de ce qui a été dit, la question de l'accès au statut (**Section I**), et son ouverture réciproque à des citoyennetés nationales (**Section II**).

Section I
L'accès à la citoyenneté communautaire

35. Les bénéficiaires du statut sont les ressortissants des États membres de la communauté. De plus, la citoyenneté de la communauté a été instituée, afin de susciter une communauté plus étroite entre les peuples ouest-africains. Les citoyens de la communauté sont les ressortissants des États membres, ayant la nationalité de ses États et remplissant

[19] Le protocole A/SP1/7/85 portant code de conduite pour l'application A/1/5/79 ; le protocole A/SP1/7/86 relatif à l'exécution de la deuxième étape (droit de résidence) du protocole A/P1/5/79 ; le protocole A/SP1/6/88 portant modification des articles 4 et 9 du traité de la CEDEAO relatifs respectivement aux institutions de la communauté et aux commissions techniques et spécialisées ; le protocole A/SP2/5/90 relatif à l'exécution de la troisième étape (droit d'établissement) du protocole A/P1/5/79.
[20] Voir le code de la citoyenneté de 1982.

les conditions définies dans le protocole portant code de la citoyenneté de la communauté[21]. Ainsi, toute personne ayant la nationalité d'un État membre de la CEDEAO est par conséquent citoyen de la communauté. La citoyenneté de la communauté complète la citoyenneté nationale sans la remplacer. Elle s'acquiert de plein droit, du simple fait de disposer la nationalité d'un État membre de la CEDEAO et aucune formalité ne doit être accomplie afin d'en bénéficier. Cependant, la citoyenneté de la communauté peut être perdue, abandonnée ou retirée à son titulaire pour différents motifs, tels que l'acquisition de la nationalité d'un État non membre de la CEDEAO ; la perte de la nationalité d'un État membre ou encore quand les conditions d'acquisition de la citoyenneté de la communauté ne sont pas remplies. Les conditions d'accès (**Paragraphe I**) et de son extinction (**Paragraphe II**) feront l'objet de précisions aux paragraphes qui vont suivre.

Paragraphe I : Les conditions d'accès

36. La citoyenneté de la CEDEAO découle de la possession de la nationalité d'un des États membres. La nationalité étant le lien juridique qui relie un individu à un État souverain. Elle est une manifestation de la souveraineté des États, qui décident quels sont les individus qui relèvent d'eux[22]. Chaque État est dès lors exclusivement compétent pour déterminer les règles d'acquisition et de perte de sa propre nationalité. Ainsi, le protocole de 1982 définit les conditions dans lesquelles la citoyenneté s'acquiert et se perd, ainsi que celles de sa réintégration. Son idée générale repose sur deux grands axes : celui d'exclusivité et celle d'effectivité du lien de nationalité. Cependant, la condition principale qui s'impose est d'avoir la nationalité d'un État

---

[21] Protocole A/P3/5/82.

[22] J.-Y. CARLIER, S. SAROLEA, « *Droit des étrangers et nationalité* », éd., Larcier, 2005, pp. 13-14.

membre (**A**), et l'octroi par les autorités politiques par le biais de la naturalisation (**B**).

A. Les ressortissants des États membres

37. Le législateur définit qu'est citoyen de la communauté, toute personne ayant la nationalité d'un État membre. La nationalité constitue dès lors une condition nécessaire et suffisante pour l'accès à la qualité de citoyen communautaire et aux droits conférés par ce statut. Ainsi, à la différence des constitutions des États fédéraux, le législateur ne consacre pas un mode autonome d'acquisition de la citoyenneté, mais il fonde cette citoyenneté sur la nationalité d'un État membre, consacrant de la sorte sa nature dérivée et subordonnée par rapport à la nationalité[23]. Véritable choix politique, la dépendance de la citoyenneté de la CEDEAO par rapport à la nationalité permet aux États membres de maîtriser et de contrôler l'accès à la citoyenneté de la communauté du fait de leur compétence exclusive dans le domaine de la nationalité[24].

38. La citoyenneté communautaire est reconnue à toute personne qui par le lien de sang, lien de sol et descendant d'un (e) citoyen (ne) d'un État membre de la communauté. Ainsi, est citoyen de la communauté, aux termes du protocole dans son article premier aliéna 1 « *Toute personne qui, par la descendance a la nationalité d'un État membre et qui ne jouit pas de la nationalité d'un État non membre de la communauté*[25] ». Cette reconnaissance est assortie d'une condition, à savoir que cette personne ne soit pas bénéficiaire de la nationalité d'un État non membre de la communauté.

---

[23] S. BARBOU DES PLACES, « *Nationalité des personnes physiques et droit communautaire* », Thèse de doctorat, Université de Nancy II, 1996, p. 166.

[24] R. KOVAR, D. SIMON, « La citoyenneté européenne », in CDE, 1993, p. 292.

[25] L'article 1 paragraphe1 du protocole du 28 mai 1982 portant code de la citoyenneté de la CEDEAO.

39. Toute personne qui a la nationalité d'un État membre par le lien de naissance et dont l'un ou l'autre des parents est citoyen de la communauté conformément aux dispositions du paragraphe 1, à condition que cette personne ait atteint l'âge de vingt et un ans, opte pour la nationalité de cet État membre[26]. La seule condition émise ici pour la pleine jouissance de la citoyenneté ouest-africaine, est étroitement liée à l'âge de la majorité du bénéficiaire. En cas de jouissance d'une double nationalité avant l'entrée en vigueur du protocole, l'intéressé doit renoncer à la nationalité de celui de ses parents qui n'est pas ressortissant d'un État membre[27].

40. Il existe à ce niveau un véritable manque de définition de certains aspects : par exemple, dans l'article 2(1) (c), il n'y a aucune explication de ce que « *l'acquisition de facto de la nationalité d'un État* » pourrait signifier.

41. La disposition du protocole la plus claire est peut-être l'interdiction de la double nationalité avec tout État non membre de la CEDEAO ; mais la majorité des États membres de la CEDEAO permettent la double nationalité, par la loi[28] ou dans la pratique, sans restriction quant au pays d'une autre nationalité ; aucun ne fait la distinction entre la CEDEAO et les États non membres de la CEDEAO à cet égard ; et seul le Libéria fournit une interdiction absolue de double nationalité pour les adultes. L'alinéa 2 du paragraphe 2 de l'article 1 conditionne la jouissance de la nationalité ouest-africaine par ces personnes, par leur renonciation expresse à la nationalité du pays non membre de la communauté.

---

[26] L'article 1 paragraphe 2 du protocole.

[27] L'article 1 Paragraphe 3 du protocole.

[28] Le Mali admet la double nationalité. Voir par exemple les articles 249, 250 et 252 da la loi n° 2011-087 du 30 décembre 2011 portant code des personnes et de la famille.

42. Cette approche sélective et exclusive, qui se traduit par l'idée d'option, se retrouve aussi d'autres catégories de personne comme, l'enfant adopté par un ressortissant d'un État membre et qui avait, à sa naissance ou de nationalité inconnue, mais qui à l'âge de vingt et un ans, opte expressément pour la nationalité de son parent adoptif qui est un citoyen de la communauté[29]. Cependant, toute personne se trouvant dans cette situation, jouissant de ses vingt et un (21) ans doit opter, de façon expresse, pour la nationalité de celui de ses parents, qui est citoyen ouest-africain[30]. Une personne adoptée ayant déjà atteint l'âge de vingt et un ans avant l'entrée en vigueur du protocole et jouissant de la double nationalité qui renonce expressément à la nationalité de tout État non membre de la communauté.[31] Tout enfant adopté par un citoyen de la communauté à condition que cet enfant n'ait pas atteint l'âge de vingt et un ans pour décider de la nationalité de son choix[32]. La nationalité ouest-africaine est reconnue dans de tels cas aux seules personnes jouissant de leur majorité d'âge, à savoir, vingt et un (21) ans.

B. Les ressortissants des États tiers : les citoyens naturalisés

43. Presque tous les États de la CEDEAO prévoient dans leur législation, l'acquisition de la nationalité à l'âge de la majorité sur demande, sur la base d'une résidence de longue durée dans le pays, un processus connu sous le nom de naturalisation. La durée de résidence obligatoire la plus

[29] L'article 1 Paragraphe 4 du protocole.

[30] Cette condition liée à l'âge du candidat à la nationalité, est contenue dans les alinéas b et c du paragraphe 3.

[31] L'article premier paragraphe 5 du protocole du 28 mai 1982 portant code de la citoyenneté de la communauté.

[32] L'article 1 para 6 du protocole.

commune est de 5 ans[33], bien que certains n'exigent que trois ans de résidence[34], alors que d'autres exigent 10 ans[35].

44. D'autres critères s'appliquent généralement, en rapport avec la bonne conduite et la nécessité d'avoir un casier judiciaire vierge, être reconnu saint d'esprit et l'intégration dans la communauté nationale. La naturalisation est surtout un processus discrétionnaire, et non un processus qu'une personne répondant aux critères peut revendiquer comme une question de droit[36]. À la différence de l'acquisition par déclaration qui est de plein droit quand les conditions sont remplies, la naturalisation relève d'une décision discrétionnaire de l'autorité publique et est accordée par décret à la demande de l'étranger[37]. Il s'agit d'un acte

---

[33] Loi N°2011 – 087 du 30 décembre 2011 portant code des personnes et de la famille dispose en son article 239 que « *Nul ne peut être naturalisé s'il n'a depuis dix (10) ans au moins sa résidence habituelle au Mali au moment de la présentation de la demande. Ce délai est réduit à cinq (5) ans pour le demandeur ayant rendu au Mali des services exceptionnels et l'enfant né au Mali de parents étrangers* ».

[34] Voir l'article 35, al. 2 de la loi n° 65-17 du 23 juin 1965 portant Code de la Nationalité dahoméenne (Bénin) publié au J.O. n° 17 du 01 août 1965.

[35] Article 12 de la loi n° 2013-05 du 8 juillet 2013 portant modification de la loi n° 61-10 du 7 mars 1961 déterminant la nationalité sénégalaise, modifiée, dispose que « *Nul ne peut être naturalisé s'il ne réside habituellement au Sénégal au moment de la présentation de sa demande et s'il n'y a séjourné antérieurement pendant au moins dix ans* ».

[36] Le décret accordant la naturalisation n'est pas motivé, le rejet explicite ou implicite de la demande de naturalisation n'est susceptible d'aucun recours.

[37] Par exemple dans la législation malienne, la demande de naturalisation doit être manuscrite et adressée au ministre de la Justice, accompagnée par un acte de naissance ; un extrait du casier judiciaire du pays d'origine ; un certificat de non-condamnation malien, un certificat de résidence délivré par la police du quartier de résidence ; un certificat de bonne vie et mœurs émis par la police du quartier de résidence ; un acte de soumission, visé par le président du tribunal ou de l'agent diplomatique ; une attestation sur l'honneur signée par deux témoins certifiant l'acte de soumission, visée par TGI de la commune III de

politique, soumis à la discrétion du pouvoir politique, qui peut l'accorder ou le refuser à son gré.

Il n'appartient pas aux juridictions de vérifier la régularité de la procédure ou de modifier ou rectifier les termes de l'acte de naturalisation[38].

45. Au regard du code communautaire de la citoyenneté, toute personne naturalisée d'un État membre qui préalablement en fait la demande et qui remplit les conditions suivantes : Avoir renoncé à la nationalité de tout État non membre de la communauté, telle renonciation devant être expressément constatée par un acte de renonciation dûment établi par les autorités compétentes du pays dont il avait la nationalité et avoir pendant une période de quinze ans précédant sa demande d'acquisition de la citoyenneté de la communauté ; effectivement résidé de façon continue dans un État membre[39]. Cette condition est assortie d'un second lié à la résidence continue et sans interruption dans un État membre, durant une période de quinze (15) années.

46. Par résidence effective et continue l'on doit entendre l'établissement interrompu à demeure, sur le territoire dudit

---

Bamako. Elle est ensuite transmise à la direction nationale des affaires juridiques et du sceau (DNAJS) qui enregistre la demande et vérifie les pièces présentées. Elle demande alors à la police une enquête confidentielle sur la moralité du demandeur. Si le demandeur remplit toutes les conditions requises, la DNAJS prépare un rapport et le projet de décret de naturalisation. Le projet de décret doit être en principe soumis par le ministre de la Justice au conseil des ministres pour approbation et signé par le président de la République. Ensuite le décret retourne à la DNAJS qui délivre une notification au demandeur qui peut alors se faire établir un certificat de nationalité malienne au TGI de la commune III de Bamako et ensuite un acte de naissance malien au centre d'enregistrement d'état civil (DNEC).

[38] B. RENAULD, « Le code de la nationalité belge. Présentation synthétique et développement récents », in J-Y. CARLIER, S. SAROLEA, « *Droit des étrangers et nationalité* », Larcier, Bruxelles, 2005, p. 55.

[39] Paragraphe 4 de l'article 2.

État membre, sans esprit de fixation ultérieure dans un État non membre de la communauté[40]. Le conseil des ministres ou tout autre organe de la communauté habilité à cet effet peut à la demande d'un État membre, réduire le délai de quinze ans prévus à raison de services exceptionnels qu'elle aura rendus à la communauté ou compte tenu de toute autre situation spécifique[41]. Toutefois une personne naturalisée d'un État membre peut se voir refuser la citoyenneté de la communauté, si tel statut est susceptible de menacer les intérêts fondamentaux d'un ou de plusieurs États membres de la communauté[42].

47. Tout enfant qui n'a pas la nationalité de la communauté à sa naissance ou de nationalité inconnue adopté par un naturalisé citoyen de la communauté et qui a l'âge de vingt et un ans opte expressément pour la nationalité de son parent adoptif. Toutefois, la jouissance pleine ne lui sera reconnue qu'à la condition d'avoir séjourné durant quinze années continue et effective sur le territoire d'un État membre. Une personne adoptée par un citoyen naturalisé de la communauté et ayant déjà atteint l'âge de vingt et un avant l'entrée en vigueur du protocole et jouissant de la double nationalité de tout État non membre de la communauté. Tout enfant né de parent naturalisé d'un État membre qui a, conformément aux dispositions du paragraphe 4, acquis la citoyenneté de la communauté. Toutefois, pour prétendre à la citoyenneté de la communauté, cet enfant devra, avant

---

[40] L'article premier paragraphe 7 et 8 du protocole du 28 mai 1982 portant code de la citoyenneté de la CEDEAO.

[41] Les éléments d'appréciation des services importants rendus ou de l'intérêt exceptionnel visés sont notamment l'apport de talents artistiques, scientifiques, littéraires ou sportifs distingués, l'introduction d'industries ou d'inventions utiles, la création d'établissements industriels, commerciaux ou d'exploitations agricoles et d'une manière générale l'organisation de toute activité de nature à contribuer au développement économique et social du pays et à générer des emplois.

[42] L'article 1 paragraphe 9 du protocole.

l'âge de vingt et un ans, renoncer expressément à toute nationalité d'un État non membre de la communauté qu'il pourrait avoir. Il s'agit notamment, soit du choix de s'établir de manière permanente dans un État non membre de la communauté, soit de l'acquisition, sollicitée ou non, de la nationalité d'un État non membre. Outre sa conception exclusive du lien de nationalité, le protocole de 1982 met l'accent sur l'idée d'effectivité de celui-ci, par le biais de la notion de résidence effective et continue.

48. L'effectivité du lien de nationalité, dégagée notamment par l'arrêt « *Nottebohm* » rendu par la cour internationale de justice[43] se traduit par le protocole de la CEDEAO par la condition de quinze années de résidence continue, exigée de la personne naturalisée dans l'État membre et ayant renoncé à une autre nationalité, de l'enfant adopté par un citoyen communautaire naturalisée qui a opté pour la nationalité de son parent adoptif, ou encore de la personne jouissant d'une double nationalité, adoptée par un citoyen communautaire naturalisé, et qui, ayant eu vingt et un ans avant l'entrée en vigueur du protocole.

À ces trois catégories de personnes, il est exigé, pour accéder à la citoyenneté communautaire, quinze années de résidence effective et continue dans un État membre de la communauté.

---

[43] Affaire Nottebohm, Arrêt du 6 avril 1955 : I. J. Recueil 1955, p. 4. La vraie question qui était soumise à la Cour était celle de la recevabilité de la réclamation du Liechtenstein pour le compte de Nottebohm. Mais la question que la Cour devrait résoudre ne se situait pas dans l'ordre juridique du Liechtenstein. Selon la CIJ, dans cette qui a opposé en 1955 le Lichtenstein au Guatemala ; pour mettre un éventuel endossement *« la nationalité est un lien juridique ayant à sa base un fait social de rattachement, une solidarité effective d'existence, d'intérêt, de sentiment joints à une réciprocité de droits et de devoirs. La cour a ainsi inauguré sa théorie du degré minimum d'effectivité. Selon le célèbre dictum de la cour, la règle de l'effectivité permet de déterminer si la nationalité accordée par un État lui donne un titre suffisant »*.

49. La naturalisation n'est pas une chose à prendre à la légère. La demander et l'obtenir n'est pas un acte courant dans la vie d'un homme. Elle comporte pour lui rupture d'un lien d'allégeance et établissement d'un autre lien d'allégeance. Elle entraîne des conséquences lointaines et un changement profond dans la destinée de celui qui l'obtient. Elle le concerne personnellement et ce serait en méconnaître le sens profond que de n'en retenir que le reflet sur le sort de ses biens. Pour en apprécier l'effet international, on ne peut être indifférent aux circonstances dans lesquelles elle a été conférée, à son caractère sérieux, à la préférence effective et non pas simplement verbale de celui qui la sollicite pour le pays qui la lui accorde.

Paragraphe II : L'extinction de la qualité de citoyen de la communauté

50. Il existe un certain nombre hypothèses d'extinction de la qualité du citoyen communautaire : d'une part, la perte par la réunion des conditions énoncées par le code, et d'autre part, les cas de déchéance, suite à une procédure judiciaire, dans la première hypothèse, une procédure de recouvrement est ouverte à l'intéressé. (**A**), avant de se prononcer sur l'effectivité de la citoyenneté et l'épineuse question de l'apatridie dans l'espace communautaire (**B**).

A. La perte, la déchéance et du retrait de la qualité

51. En droit, la perte et la déchéance de la nationalité sont deux processus distincts mais qui aboutissent au même résultat, à savoir que la personne concernée n'est plus considérée par l'État comme son national[44]. Alors que la perte de la nationalité est toujours une mesure administrative ou judiciaire prise conformément à une loi nationale pour

---

[44] Les dispositions des États d'Afrique de l'Ouest sur la perte de la nationalité suivent également des modèles principalement établis par les exemples coloniaux.

retirer la nationalité à une personne[45]. Elle peut, ainsi, procéder du choix personnel de la personne qui a atteint la majorité[46] ou d'une décision de l'autorité politique pour non-respect des règles fondamentales liées à la nationalité.

52. Ainsi, au regard du code communautaire de la citoyenneté, toute personne peut perdre la citoyenneté de la communauté pour les raisons à une autre. Du fait de l'établissement permanent dans un État non membre de la communauté, le citoyen pourrait perdre son statut[47]. L'acquisition volontaire de la nationalité d'un État non membre serait aussi de nature à faire perdre au citoyen ce statut. Par exemple le législateur malien indique que toute personne majeure de nationalité malienne, qui réside habituellement hors du Mali et qui a volontairement acquis une autre nationalité, peut répudier la nationalité malienne par une déclaration à cet effet[48]. L'attribution d'office de la

---

[45] Commission africaine des droits de l'homme et des peuples, « *Le droit à la nationalité en Afrique* », Étude réalisée par la rapporteuse spéciale sur les réfugiés, les demandeurs d'asile, les personnes déplacées internes et les migrants en Afrique, conformément à la Résolution 234 du 23 avril avec l'approbation de la commission dans sa 55° session ordinaire tenue en mai 2014.

[46] Tous les États de l'Afrique de l'Ouest prévoient qu'une personne peut renoncer à sa nationalité, même si dans certains cas, cela doit faire l'objet d'une approbation si le service militaire ou d'autres obligations s'appliquent. La plupart des lois prévoient qu'on ne peut renoncer à sa nationalité à moins qu'on ait la confirmation d'une autre nationalité, mais pas dans tous les cas. Au Libéria, par exemple, la loi sur la nationalité prévoit qu'une personne soit en mesure de renoncer à la nationalité sans qu'elle ne détienne la nationalité d'un autre pays. Voir B. MANBY, « *La nationalité, la migration et l'apatridie en Afrique de l'Ouest* », in Étude pour le compte du Haut-Commissariat des Nations Unies pour les Réfugiés (HCR) et de l'Organisation internationale pour les Migrants (OIM), juin 2015, p. 32.

[47] *Cf.* l'article 2, paragraphe 1 (a) du protocole A/P5/5/82 portant code de la citoyenneté de la communauté.

[48] Voir les articles 249, 255 et 256 du code des personnes et de la famille du Mali.

nationalité d'un État non membre de la communauté ou la perte de sa nationalité origine sur sa demande expresse[49].

53. Il faut ajouter que toute personne naturalisée qui a acquis le statut de citoyen de la communauté peut en être déchue pour deux conditions : la première condition est relative à la nature de l'activité que celui-ci mènerait. S'il se livre à des activités incompatibles avec la qualité de citoyen de la communauté et/ou préjudiciable aux intérêts fondamentaux d'un État membre, soit installé pour traiter des questions relatives aux demandes, à la perte de la citoyenneté. La deuxième condition sera réalisée que si le citoyen reconnu auteur d'un crime sur le territoire de la communauté. Un ensemble de critères beaucoup plus large s'applique à la déchéance de la nationalité acquise par naturalisation à l'âge adulte, y compris la fraude, le délit passible d'emprisonnement, le comportement qui est « *déloyal* » ou « *incompatible avec le statut de ressortissant*[50] ».

54. Le paragraphe 3 de l'article 2 du protocole retient donc deux raisons fondamentales comme causes de retrait du statut de citoyen de la communauté. L'une des raisons est liée au souci de protection de cette importante institution communautaire.

55. Ainsi, tout bénéficiaire peut se voir retirer la nationalité ouest-africaine, chaque fois qu'il a été reconnu, postérieurement, que celui-ci ne remplissait pas les conditions requises pour l'acquisition de cette nationalité. Sont considérées comme raisons susceptibles d'occasionner le retrait de la nationalité à tout bénéficiaire, de mensonge ou la fraude utilisée par le requérant au moment de la formulation de sa demande[51]. Le législateur communautaire évoque également la nécessité de la réintégration dans la nationalité à toute

---

[49] L'article 2 du protocole précité.

[50] L'article 2 du code de la citoyenneté de la CEDEAO.

[51] Voir l'article 2, paragraphe 3 du protocole précité.

personne l'ayant perdue, s'étant vue retirée ce statut, ou encore, à toute personne ayant été déchue de la nationalité oust-africaine.

56. Le conseil des ministres est compétent pour connaître des dites questions à charge d'appel devant la conférence des chefs d'État[52]. Cependant, il y a lieu de relever une certaine ambiguïté dans le protocole notamment autour de qui est responsable de la reconnaissance ou de la déchéance de la citoyenneté de la communauté, et de ce que l'essence de la citoyenneté de la communauté est au-delà des droits conférés par la citoyenneté d'un État membre. Si la responsabilité première revient clairement aux États membres, la formulation de la responsabilité du Conseil des ministres de la CEDEAO ou d'autres organes implique que les organes de la Communauté peuvent jouer un rôle direct.

57. Cependant, aucune procédure n'a jamais été adoptée prévoyant que la CEDEAO reconnaisse la citoyenneté de la communauté en dehors des procédures de reconnaissance au niveau national. À coup sûr, tout litige relatif à la question de la citoyenneté est réglé par les juges nationaux dans la mesure où il lui appartient de trancher la question de savoir si un individu possède ou non la nationalité d'un État membre sur la base de la législation de l'État concerné.

La juridiction civile de droit commun est seule compétente pour connaitre des contestations sur la nationalité, qu'elles se produisent isolément ou à l'occasion d'un recours contre un acte administratif[53]. L'exception de nationalité et l'exception d'extranéité sont d'ordre public ; elles doivent être soulevées d'office par le juge[54].

---

[52] Aux termes de l'article 1, paragraphe 10 du protocole du 28 mai 1982 portant code de la citoyenneté communautaire.
[53] L'article 56 de la loi malienne relative à la nationalité déjà citée.
[54] *Idem.*

58. À titre illustratif, au sein de la communauté européenne, c'est ce qu'a précisé le conseil européen d'Édimbourg pour répondre aux craintes du Danemark, ce qui a fait l'objet d'une déclaration annexée du traité. La cour de justice[55] s'est, par ailleurs prononcée sur les cas de doubles nationalités ; elle a jugé qu'au cas où un ressortissant d'un État membre possède en même temps la nationalité d'un État tiers, les autres États membres « *ne peuvent soumettre la reconnaissance de la qualité de ressortissant communautaire à une condition telle que la résidence habituelle et l'intéressé sur le territoire du premier État membre* ».

B. L'effectivité du code de la citoyenneté et la problématique de l'apatridie dans l'espace CEDEAO

59. La citoyenneté communautaire est le but recherché par les pères fondateurs de la CEDEAO, qui, depuis 1975, espéraient à travers cet outil, arriver à réaliser le rêve des panafricanistes. Des nombreuses initiatives juridiques et politiques ont été alors prises en matière de la mobilité des personnes, qui en principe devraient attester la réelle volonté de rompre avec certaines situations et s'orienter vers des stratégies constructives de vastes ensembles accoudés à des principes et valeurs communes.

60. Néanmoins, il demeure une problématique majeure qui réside dans les États, des risques de voir des citoyens que le pouvoir souverain pourrait refuser le titre de citoyen. En effet, l'État apparait comme le producteur absolu des normes juridiques applicables à la nationalité qui est condition préalable pour devenir citoyen ouest-africain.

---

[55] La cour de justice des communautés européennes dans affaire concernant Danemark, après le conseil européen d'Édimbourg, sur une question de la double nationalité (CJCE, 7 Juillet 1992, MICHELETTI, Aff., C-369 / Rec., f, 4299).

61. Par ailleurs, il se trouve que celui-ci (État) est amené souvent à souscrire à des engagements sous régionaux, continentaux et internationaux et dont l'application sur son territoire devrait en principe être effective.

62. Ainsi, dans l'espace CEDEAO, il y a des centaines de milliers d'individus dont aucun État ne considère comme étant son ressortissant, ce qui fait alors d'eux des apatrides qui ne peuvent jouir pleinement de l'ensemble des droits de l'homme[56]. La situation d'apatridie étant selon la convention de 1954 comme « *une personne qu'aucun État ne reconnaît comme son ressortissant par application de sa législation*[57] ». En des termes plus simples, cela signifie qu'un apatride ne possède la nationalité d'aucun pays. Certaines personnes naissent apatrides, tandis que d'autres le deviennent. Un nombre incalculable de personnes sont bloquées dans leur vie au minimum, soumises à la pratique régulière de l'extorsion par les agents de l'immigration ou de la police frontalière étant donné qu'elles ne peuvent pas obtenir un document reconnaissant leur droit d'appartenir à au moins un État. Parmi les causes de cette apatridie dans les États membres figurent les lacunes que renferment les lois et politiques relatives à la nationalité qui font que certaines personnes ne sont pas reconnues par un quelconque État.

63. Il peut toutefois, s'agir de la discrimination raciale, ethnique, religieuse, et la discrimination entre les sexes, en particulier dans le droit, mais aussi dans la pratique ; les droits très faibles prévus dans la législation de nombreux États liés à la naissance et à la résidence dans le pays, même pour les enfants qui ne peuvent pas obtenir la nationalité de

---

[56] Un apatride est privé d'une carte d'identité nationale, d'un passeport, de la possibilité de voter, de se présenter à un poste de la fonction publique, de postuler à un emploi, d'aller à l'école, ou de jouir de tous les autres droits qui dépendent de la reconnaissance de la nationalité.

[57] Voir l'article 1 de la convention relative au statut de l'apatridie adoptée le 28 septembre 1954 et entrée en vigueur le 6 juin 1960.

leurs parents ; la procédure de naturalisation étant quasiment inaccessible. Il n'existe pas de procédure accélérée et facilitée de naturalisation pour des personnes apatrides, comme recommandé par la convention de 1961[58].

64. En effet, les personnes qui sont les plus exposées ou courent le risque de devenir apatrides en Afrique de l'ouest se regroupent donc en trois principales catégories : les migrants historiques ou contemporains et leurs descendants, y compris les réfugiés et les anciens réfugiés, ainsi que ceux qui sont retournés vers un pays d'origine où ils ont peu de liens actuels ; les populations frontalières, y compris les groupes ethniques nomades et pastoraux qui traversent régulièrement les frontières, ainsi que ceux qui sont touchés par les transferts de territoire ; et les orphelins et autres enfants vulnérables, y compris les victimes de la traite à des fins diverses.

---

[58] Adoptée le 30 août 1961, la Convention sur la réduction des cas d'apatridie est entrée en vigueur le 13 décembre 1975. La Convention de 1961 est un instrument international de premier plan qui énonce les règles d'attribution et de non-retrait de la nationalité afin de prévenir les cas d'apatridie. Elle crée un cadre international visant à garantir le droit de chaque personne à une nationalité. Elle exige que les États prévoient des garanties dans leurs lois sur la nationalité afin de prévenir l'apatridie à la naissance et plus tard dans la vie. La disposition sans doute la plus importante de la Convention prévoit que les enfants doivent acquérir la nationalité du pays dans lequel ils sont nés s'ils n'acquièrent aucune autre nationalité. Elle établit aussi des garanties importantes pour prévenir l'apatridie liée à la perte ou à la renonciation à la nationalité et à la succession d'États. La Convention prévoit également les situations très limitées dans lesquelles les États peuvent priver une personne de sa nationalité, même si cela la rendrait apatride. Voir aussi M. OFFERMANN, « *Les risques d'apatridie au Mali et pour les Maliens vivant à l'étranger. En application des législations et pratiques à la nationalité, au Mali et dans les pays d'accueil de Maliens* », UNHCR, août 2020, p. 10.

65. Bien qu'il n'y ait pas de cadre juridique général pour pallier ces manquements, d'importants efforts ont été déployés par les États membres de la CEDEAO pour résoudre ce problème à travers, par exemple, leur adhésion à la convention de 1954 relative au statut des apatrides et/ou à la convention de 1961 sur la réduction des cas d'apatridie. Nous soulignons aussi que deux textes importants contenant des règles en matière d'attribution de la nationalité, et de ce fait participant à la lutte contre l'apatridie, ont été élaborés et adoptés dans le cadre de l'union africaine, à savoir la charte africaine des droits et du bien-être de l'enfant et le protocole à la charte africaine des droits de l'homme et des peuples relatif aux droits des femmes en Afrique.

66. De la même façon, les chefs d'État et de gouvernement ont adopté les protocoles additionnels au traité révisé de la CEDEAO, qui abordent certains aspects de l'apatridie[59]. Cependant, la déclaration[60] d'Abidjan constitue un instrument historique et une étape décisive dans la lutte contre l'apatridie en Afrique de l'ouest.

67. La CEDEAO rappelle à ses États membres la révision de leurs lois nationales au regard des instruments internationaux et régionaux des droits de l'homme relatifs à la nationalité et l'apatridie, et du principe de non-discrimination. Une fois les textes législatifs nationaux amendés, il est essentiel que leur application se fasse de manière rétroactive afin de résoudre les situations d'apatridie. Il s'agit notamment de supprimer des dispositions discriminatoires de la législation nationale concernant la transmission de la nationalité à un conjoint ou à un enfant, y compris les

---

[59] Il s'agit tout naturellement du protocole de 1979 sur la libre circulation des personnes, le droit de résidence et d'établissement et le Protocole de 1982 portant code de citoyenneté de la Communauté.

[60] Elle a été adoptée lors de la première conférence ministérielle sur l'apatridie tenue à Abidjan, en Côte d'Ivoire, organisée conjointement par la CEDEAO et le HCR en février 2015.

discriminations fondées sur le sexe, la naissance hors mariage, la religion, le groupe ethnique ou le handicap. Chaque enfant doit avoir le droit à une nationalité.

68. Tout individu qui, autrement serait apatride, doit avoir la possibilité, au plus tard à la majorité et après avoir grandi dans le pays concerné, de recevoir de manière automatique, ou suite à sa demande, la nationalité de cet État. Toute interdiction doit être faite à la renonciation de la nationalité, si le requérant ne dispose pas d'une autre nationalité.

69. Ainsi, la révision du protocole de 1982 sur la citoyenneté s'impose afin qu'il intègre le droit à la nationalité, et définir clairement le rôle de la CEDEAO pour assurer l'accès à la citoyenneté et garantir d'autres droits intégrés dans le droit communautaire. Toutefois, la révision doit promouvoir la non-discrimination, la participation démocratique et les principes d'égalité ainsi que garantir une compréhension commune des droits des ressortissants d'Afrique de l'Ouest en tant que citoyens de la CEDEAO.

70. L'harmonisation des législations nationales au regard des standards internationaux, en matière d'enregistrement des naissances et de lutte contre l'apatridie, s'avère être importante. À titre d'illustration, le mouvement des personnes qui ont fui les violences, soit à l'intérieur du Mali, soit vers les pays voisins, à négativement affecté le taux d'enregistrement des naissances qui, déjà, n'était pas satisfaisant. Des centaines de milliers d'enfants sont ainsi restés en dehors de ce système. D'après une étude réalisée par UNICEF[61] a finalement montré que 123 000 enfants n'avaient pas été enregistrés à la naissance dans les trois régions du nord, Tombouctou, Kidal et Gao.[62]

---

[61] UNICEF Mali : data.unicef.org/country/mli/

[62] Voir M. OFFERMANN, « *Les risques d'apatridie au mali et pour les Maliens vivant à l'étranger. En application des législations et pratiques à la nationalité, au Mali et dans les pays d'accueil de Maliens* », *op., cit.*, p. 11.

71. Il est essentiel de dépasser les clivages actuels entre les genres et de permettre aux femmes de déclarer la naissance de leurs enfants, tout particulièrement dans les situations des enfants nés hors mariage, ou des cas des mères célibataires, ou déclarant seule leur enfant. Ceci peut être fait en inscrivant clairement cette règle de droit dans la loi, et en intervenant auprès des différents acteurs, notamment les services publics, la société civile et les légitimités traditionnelles afin qu'ils participent au renforcement des pouvoirs de la femme dans ce domaine. Cependant, le Mali a entrepris des réformes en vue de répondre aux exigences de la CEDEAO et des instruments internationaux en la matière. Il s'agit de la mise en œuvre du Recensement administratif à Vocation d'État civil (RAVEC) qui vise facilement à créer un fichier unique, biométrique et sécurisé de la population malienne[63].

72. L'enregistrement des faits d'état civil permet à chacun de disposer de preuves documentaires et d'une trace permanente permettant d'établir son identité juridique, ses liens familiaux et son état civil, ce qui, à son tour garantit à tous l'exercice de divers droits sociaux, économiques, culturels, politiques et des droits de l'homme auxquels ils peuvent prétendre[64]. Pour répondre à ces exigences, l'État malien a adopté un programme de consolidation et de modernisation de l'état civil en 2009[65]. C'est dans ce cadre

[63] Le RAVEC a enrôlé autour de 88 % de la population jusqu'en 2015, soit plus de 15 millions d'habitants. Une carte biométrique qui comporte le numéro d'identification national (NINA) unique du porteur, appelée désormais « carte NINA ».
[64] *Idem.*
[65] Le programme de modernisation et de consolidation du système d'état civil qui vise les objectifs suivants : Dénombrer et identifier les citoyens à travers l'organisation d'un Recensement administratif à Vocation d'État civil (RAVEC) ; Constituer une base de données contenant les informations individuelles relatives à l'état civil, à la localisation et à la biométrie (pour les personnes âgées de 15 ans et plus) ; Attribuer à chaque personne enregistrée, un numéro d'identification nationale unique (NINA).

que la direction nationale d'état civil (DNEC[66]) a été créée en 2011. À elle, est attaché le centre de traitement des données de l'état civil créé en 2013.

73. Comme indique les premiers résultats, le nombre des centres de déclarations des naissances a été augmenté significativement de 1.551 à plus 7.800 en 2015[67]. Il n'y a pratiquement pas de différence du taux d'enregistrement entre les genres.

74. Il y a un centre d'état civil principal pour chacune des 703 communes du Mali (le plus souvent implanté dans la mairie de la commune chef-lieu de cercle) et 292 centres d'état civil secondaire ; 600 000 actes de naissance ont été enregistrés à l'état civil en 2017 ; estimation du taux d'enregistrement des naissances en 2017 : 73 % ; Il y a 15,6 millions de personnes enregistrées dans le registre national de la population du RAVEC, soit 82,11 de la population totale du Mali[68] ; La population totale estimée du Mali est d'environ 19 millions[69].

---

[66] Voir plus d'information le site https://dnec.gouv.ml/

[67] Voir le H. MIITALA, « Rapport d'évaluation du système d'enregistrement des faits d'état civil », in Centre d'excellence sur les systèmes d'enregistrement et de statistiques de l'état civil (ESEC), en partenariat avec la Commission économique des Nations Unies pour l'Afrique (CENUA), 2021. Le taux d'enregistrement des naissances chez les enfants de moins de 5 ans au Mali est passé de 47 % en 2004/2005 à 87,2 % en 2015. Seulement 2015 une personne sur deux (50,4 %) n'était en possession de son acte de naissance. Ce taux est plus fort chez les jeunes, chez les plus aisés et en milieu urbain (estimé à 84,6), et plus faible chez les personnes âgées, chez les pauvres et en milieu rural (40 %,4). Alors qu'à Bamako, 90 % de la population possèdent leur acte de naissance, ce taux se situait au moins d'un tiers dans les régions de Tombouctou (28 %), celle de Kidal (26 %) et celle de Mopti (25 %).

[68] S. BERTHE, M. CHAJES, « *Modernisation du Système d'état civil au Mali. Présentation* », 2019, ID4D. id4africa.com/2019_event/presentations/InF1/3-Sibiri-Berthe-Mali.pdf.

[69] Institut national de la statistique (INSTAT), instat-mali.org.

Section II
L'ouverture réciproque des citoyennetés nationales

75. Depuis 1975, il existe une citoyenneté de la CEDEAO. À la différence d'une citoyenneté nationalité qui se caractérise bien souvent par un caractère exclusif. La citoyenneté communautaire est une citoyenneté qui se superpose ou s'additionne. Être citoyen de la communauté signifie forcément avoir la nationalité d'un État membre. Cette singularité de la citoyenneté communautaire contribue à forger une ouverture à l'identité africaine.

76. La citoyenneté est d'abord et avant tout un statut d'appartenance juridiquement réglementé ; il n'y a donc de citoyenneté que parce qu'il y a une codification juridique. Cela signifie aussi qu'il ne suffit pas de résider sur un territoire pour être considéré comme citoyen de ce territoire. Par opposition au simple résident, le citoyen est porteur de certains droits politiques, civils ou encore professionnels mais aussi des devoirs tels le service public.

77. Il existe donc un lien étroit entre la constitution et la citoyenneté d'un pays dans la mesure où les droits et devoirs du citoyen sont définis dans la constitution. Parce que tout citoyen de la communauté peut désormais se déplacer, s'installer et travailler dans un autre État membre. Nous allons dans un premier temps envisager la mobilité des personnes comme vecteur de la construction supranationale de la citoyenneté (**Paragraphe I**), et les droits attachés au statut du citoyen communautaire (**Paragraphe II**).

Paragraphe I : La mobilité des personnes, vecteur de la construction supranationale de la citoyenneté

78. La mobilité des personnes est un enjeu majeur de la construction de la communauté économique des États de l'Afrique de l'Ouest. Elle trouve son fondement dans le principe de non-discrimination, qui implique l'abolition de toute discrimination fondée sur la nationalité entre les ressortissants communautaires. Ce principe constitue sans doute, l'une des expressions les plus importantes de la citoyenneté communautaire[70]. Concrètement, elle (la libre circulation) suppose le droit de se déplacer librement sur le territoire des États et d'y séjourner en vue d'y exercer une activité qu'elle soit salariée à titre indépendant ou même pas d'activité du tout à condition de bénéficier de ressources suffisantes et d'être inscrit à un système d'assurance. Celle-ci offre aux citoyens ressortissants des États membres, un espace de liberté, de sécurité et de justice sans frontières intérieures, au sein duquel est assurée la libre circulation des personnes et de leurs marchandises[71]. Ainsi, nous verrons dans un premier temps la libre circulation comme le noyau dur de l'intégration (**A**), et dans un second temps ses différentes composantes (**B**).

A. La liberté de circulation : un droit cardinal de l'intégration

79. Le traité instituant la Communauté économique des États de l'Afrique de l'Ouest organise la libre circulation des marchandises, des personnes, des services et des capitaux sur le territoire des États membres. Parmi ces quatre libertés fondamentales, la libre circulation des personnes occupe une place très importante. La libre circulation des personnes a non seulement joué un rôle primordial pour l'effectivité des autres libertés organisées, mais également ouvert une brèche sans équivalent dans le dispositif mis en place par le droit international général[72]. Au départ, le ressortissant d'un

[70] Guide de la « *libre circulation des personnes et des biens en Sénégambie méridionale* », Enda Prospective, Dialogues politiques, Dakar, juin 2009, p. 7.

[71] *Idem.*

[72] T. L. MARGUE, « L'Europe des citoyens : des droits économiques à la citoyenneté politique », in RMUE, 1996, p. 177, cité par E. TEZCAN, « Les personnes physiques et l'Union européenne : le passage de la

État membre n'a pu être appréhendé par le droit de l'intégration qu'en termes d'agent économique se déplaçant dans l'espace intra-communautaire[73]. Or, le concept même de « *citoyenneté communautaire* » a un objectif beaucoup plus ambitieux, car il tend à assurer comme l'affirme un auteur, « *l'insertion du ressortissant communautaire dans la vie sociale, économique, culturelle, voire politique de l'État membre dont il n'est pas ressortissant, mais sur le territoire duquel il réside*[74] ». Aujourd'hui, le problème de la libre circulation des personnes à l'intérieur de l'Afrique de l'Ouest n'est plus économique, il se pose plutôt dans une perspective juridique et politique.

80. Présent au cœur du traité fondateur de l'intégration sous forme de l'objectif économique de la mobilité des personnes et de leurs biens, le principe de la libre circulation des personnes ne sera toutefois effectivement pris en compte par les États membres que bien plus tard, dans le courant des années 1979. Ainsi, l'article 2 du Protocole A/P1/5/79 sur la libre circulation des personnes, le droit de résidence et d'établissement, en ses principes généraux, dispose : « *Les citoyens de la Communauté ont le droit d'entrer, de réaliser et de s'établir sur le territoire des États membres. Le droit d'entrée, de résidence et d'établissement mentionné sera établi progressivement, au cours d'une période maximum de quinze (15) ans, à compter de l'entrée en vigueur définitive du présent protocole, par l'abolition de tous les obstacles à la libre circulation des personnes et au droit de résidence et d'établissement* ». Entre-temps, la libre circulation des

libre circulation à la citoyenneté européenne », in Revue québécoise de Droit international (1998) 11.1, pp. 343-351, spécifiquement p. 344.

[73] Y. GAUTIER, « Communautaire de l'article 8 du traité sur l'Union européenne », in V. CANSTANTINESCO, R. KOVAR, D. SIMON (sous dir.), « *Traité sur l'Union européenne (signé à Maastricht le 7 février 1992) – commentaire article par article* », Economica, Paris, 1995, p. 129.

[74] *Idem.*

personnes a changé de signification. Elle n'est plus pensée comme un simple paramètre permettant d'assurer l'efficacité du marché commun, mais plutôt comme un projet devant donner un nouveau souffle à l'intégration africaine.

81. Les résultats attendus du protocole sont principalement : d'augmenter les flux commerciaux ; de sécuriser la mobilité des personnes et des biens ; l'intégration des peuples ; de créer une union économique et monétaire pour favoriser la croissance économique à travers la coopération et l'intégration ; de contribuer à donner un plus grand poids à la sous-région sur le marché international. L'application effective de toutes ces mesures est prise en charge dans le cadre des missions des polices des frontières.

82. Cette liberté bénéficie à la fois aux hommes, aux marchandises et aux capitaux. Dans la perspective de la citoyenneté, qui est la nôtre, seule importe la liberté de circulation des personnes. Celle-ci n'est pas absolue. La CEDEAO créée dans le but de réunir les peuples jadis divisés par la colonisation, est devenue un ensemble géopolitique réel dans le concert des nations. Cette réalité se vérifie avec l'existence 300 millions d'habitants sur un territoire de plus de 6 millions de km^2 entre les États membres et quelques 9 000 km de frontières internationales entre ceux-ci et les voisins de l'ouest (Mauritanie) du nord, du Tchad, et du Cameroun. Pour marquer sa volonté politique de maintenir un lien entre l'intégration régionale et le développement économique[75], l'article 3 du traité

[75] Selon un auteur « *l'image de l'Afrique est mauvaise du fait du misérabilisme qui semble caractériser les démarches qu'entreprennent de nombreux pays qui se partagent son aire. Les Africains doivent comprendre une fois pour toutes que l'aide que l'on va quérir à l'extérieur est toujours le surcroit, l'essentiel demeurant la volonté de réussir. Pas seulement des plans et des programmes d'urgence, mais des réformes profondes de structures, notamment politiques. Or, on a soigneusement évité jusqu'alors d'évoquer des réformes politiques. Il faut*

révisé dispose que « *la CEDEAO vise à promouvoir la coopération et intégration dans la perspective d'une union économique de l'Afrique de l'Ouest en vue d'élever le niveau de vie de ses peuples, de maintenir et d'accroître la stabilité économique*[76] ».

83. L'article 4 du traite précise que « *les hautes parties contractantes affirment et déclarent solennellement leur adhésion aux principes fondamentaux que sont : « le respect, la promotion, la protection des droits de l'homme et des peuples, conformément aux dispositions de la charte africaine des droits de l'Homme et des peuples* ».

L'article 53 du traité qui consacre les droits à la libre circulation des personnes, de résidence et d'établissements dispose que : « *Les citoyens de la communauté ont le droit d'entrée, de résidence, et d'établissement, et les États membres s'engagent à reconnaître ces droits aux citoyens de la communauté sur leur territoire respectif, conformément aux dispositions des protocoles y afférents*[77] ».

84. Le traité de 1975 fut complété par différents protocoles additionnels permis lesquels celui du 29 mai 1979 en particulier qui a pour objectif exclusif, la libre circulation des

---

que triomphent enfin des systèmes de liberté au détriment d'autocraties monolithiques et oppressives. Il n'existe pas de développement sans participation, sans une vigoureuse et courageuse remise en question de la morphologie actuelle de nos États. Tous les experts commencent à s'en rendre compte, mais se refusent encore à énoncer clairement et courageusement cette vérité », voir sur ce point C. LESCAUT, « La franchise, premier pas vers le changement ? », in Géopolitique africaine. Sahara, L'Algérie perd son atout maitre, Paris, Albin Michel, juin 1986, p. 33.

[76] Voir l'article 3 du traité révisé qui vise à promouvoir un espace socio-économique intégré pour les citoyens de la communauté.

[77] L'article 53 qui sans nul doute consacre les droits à la libre circulation des personnes, des biens et des services figure au nombre de ses objectifs. Elle a adopté son protocole sur la circulation des personnes qui établit le droit de résidence et d'établissement dès 1979.

personnes et les droits de résidence et d'établissement des populations dans la zone CEDEAO, a été complété par 3 autres protocoles[78] importants. Selon le protocole relatif au code de la citoyenneté de la communauté sera considéré comme citoyen de la CEDEAO : « *toute personne qui par la descendance à la nationalité d'un État membre et qui ne jouit pas de la nationalité d'un État membre de la communauté* ». Il est important de savoir quel que soit les pays de la CEDEAO d'où vous êtes originaire, chaque État et les peuples, par exemple du Cap-Vert, au Nigeria, de la Sierra Leone au Burkina Faso sont les citoyens d'une même communauté, ont les mêmes droits et soumis aux mêmes obligations[79].

85. La libre circulation des personnes est un terme générique qui recouvre en réalité plusieurs libertés se traduisant pour ceux qui en bénéficient de la reconnaissance des différents droits : le droit d'entrée, le droit de résidence et d'établissement. Le passeport CEDEAO a été instauré depuis décembre 2000 et appelé à remplacer les passeports nationaux. Toutefois, seuls le Bénin, le Sénégal, la Guinée, le Libéria et le Mali ont effectivement mis en circulation ce document de voyage communautaire : l'introduction du régime de la carte brune d'assurance automobile.

---

[78] Protocole A/SP/1/7/86 du 1 juillet 1986 relatif à l'exécution de la 2e étape (droit de résidence) du protocole sur libre circulation des personnes, le droit de résidence et d'établissement.
– Protocole A/SP/2/590 du 29 mai 1990 relatif à l'exécution de la 3°eme étape (droit d'établissement) du protocole sur la libre circulation des personnes, le droit de résident et d'établissement.

[79] Aucun visa n'a exigé nulle part aux ressortissants des États membres pour leurs déplacements dans l'espace CEDEAO. Les ressortissants de l'Afrique de l'Ouest ont désormais le droit de circuler librement, de s'installer où ils veulent dans la Communauté en vue d'exercer ou non une activité. La loi de 2016 instaurant la carte d'identité biométrique de la CEDEAO entérinée par la 46ème conférence des chefs d'États et de gouvernements de la Communauté économique des États d'Afrique de l'Ouest (CEDEAO), tenue à Accra en juillet 2014.

86. La carte brune est une mesure d'accompagnement aux programmes sur la libre circulation des personnes et des biens, et le programme de transport ; le chèque de voyage CEDEAO fut officiellement lancé le 30 octobre 1998 durant le 21ème Sommet des Chefs d'État et de gouvernement et géré par l'Agence Monétaire ouest-africaine (AMOA) pour faciliter le commerce et le paiement des transactions intra régionaux au sein de la communauté ; des programmes de facilitation de transport et de transit routier inter-états sont en voie d'exécution au niveau de la Communauté.

B. Les composantes de la liberté de circulation

87. Le droit de résidence et d'établissement reste indispensable à la liberté de mouvement dont il est la matérialisation dans le système juridique communautaire[80]. Les actes additionnels au traité apportent un éclairage en ce qui concerne le droit de résidence et d'établissement réservé aux ressortissants de la communauté, consacrant de ce fait le lien indissoluble entre l'appartenance à un cadre géographique régional et le bénéfice d'un droit de résidence et d'établissement qui en résulte.

88. Le droit de résidence se définit comme une prérogative reconnue à un citoyen ressortissant d'un État membre, de demeurer dans un autre État membre qui lui délivre un titre de résidence pour y occuper ou non un emploi.

89. Quant au droit d'établissement, il se diffère peu dans sa définition du droit de résidence en ce qu'il implique l'accès aux activités salariales et leur exercice, ainsi que la constitution et la gestion d'entreprise par les citoyens communautaires[81]. Le citoyen de la CEDEAO exerce ces

[80] S-P. ZOGO NKADA, « La libre circulation des personnes : réflexions sur l'expérience de la CEMAC et de la CEDEAO », in RIDE, 2011/1 t. XXV, p. 126.
[81] *Idem.*

différentes activités sur la base des mêmes conditions qui sont exigées aux nationaux de l'État d'accueil.

90. Le droit d'entrée, il désigne l'accès au territoire national d'un État, pierre angulaire du droit de l'intégration africaine. Le droit international contemporain, reconnaît à l'État, un pouvoir discrétionnaire en ce qui concerne l'accès à son territoire. Cela se traduit concrètement par l'exigence d'un visa d'entrée aux fins de contrôle de l'immigration. C'est la suppression de cette obligation d'obtention préalable de visa d'entrée dans l'espace communautaire qu'il faut énormément saluer. Ainsi celui-ci se présente comme le pas initial et indispensable dans la mise en œuvre de la libre circulation des personnes car conditionne l'expression et l'effectivité des autres droits[82]. Elle constitue donc une condition nécessaire mais non suffisante de la libre circulation[83].

91. Le protocole du 29 mai 1979 garantit : à tout citoyen de la communauté, la libre circulation c'est-à-dire sous l'obligation de détenir un visa dans l'État membre, à la condition que le séjour ne dépasse pas les quatre-vingt-dix (90 jours eu possession de document de voyage valide).

92. En effet, pour donner toute sa pleine mesure, le droit de résidence suppose l'assimilation du travailleur étranger aux nationaux tant dans la recherche que l'exerce d'un emploi[84]. L'assimilation dans la recherche que l'exerce d'emploi qu'un Malien cherchant un emploi au Sénégal ou dans un autre pays de la CEDEAO ne peut se voir opposer

---

[82] Résident et d'établissement burkinabé ne peut exercer son droit de résidence vu d'établissement en guinée Biseau qu'il a été autorisé sur le territoire Biseau guinéen.

[83] La première phase de ce protocole entré en vigueur en 1980 garantit la libre entrée des citoyens, ressortissant des États membres sans visa, pendant 90 jours.

[84] Le protocole A/SP/1/7/86 du1juillet 1986 relatif à l'exécution de la deuxième étape (droit de résidence) du protocole sur la libre circulation des personnes, le droit de résident et d'établissement.

un refus au motif qu'il s'agit d'un emploi réservé aux Sénégalais, en ce qui concerne l'exercice d'un emploi, l'assimilation signifie l'égalité de traitement avec les nationaux pour le salaire, le licenciement, la formation professionnelle et le réemploi si le travailleur est au chômage.

En dernière instance, l'effectivité du droit de résidence conduit à la régionalisation du marché du travail.

93. Pour pleinement bénéficier du droit de résidence dans un pays de la CEDEAO autre que le vôtre vous devez vous soumettre aux conditions suivantes : « *détenir la carte d'identité consulaire ou le passeport de la CEDEAO qui vaut permis de séjour ou carte de séjour* ». Savoir que le délai de validité est de 3 ans et elle est renouvelable par périodes successives de 3 ans. « *Comprendre le retrait de la carte de résidence est prévu en cas de condamnation du titulaire par une juridiction à une peine d'emprisonnement pour crime ou délit* ». Savoir que le refus de délivrer la carte de résidence est discrétionnaire, c'est-à-dire que l'autorité compétente n'a pas à le justifier.

La première hypothèse recouvre par exemple le cas d'un sénégalais qui de manière permanente voudrait devenir commerçant au Mali ou réciproquement un Sénégalais qui, par exemple voudrait ouvrir un garage à Bamako.

94. La deuxième hypothèse, constitution et gestion d'entreprise vise principalement la constitution par des étrangers de société commerciale au Mali pour fabriquer ou vendre des produits industriels, le principe en ce qui concerne le droit d'établissement est le même que pour ce qui concerne le droit de résidence : l'égalité de traitement avec les nationaux.

95. Cela implique que les ressortissants du Sénégal désirant devenir commerçant au Mali ne peuvent en ce qui concerne l'accès à la profession de commerçant et l'exercice de ladite profession, être soumis à aucune discrimination formelle (prévus par les textes) ou de fait (pratique administrative). Tels sont les éléments de précision qui étaient pour sonder et comprendre les enjeux et cadre normatif mis en place par les projets de la CEDEAO.

96. Ces droits doivent être respectés suivant les conditions définies par les législations des États d'accueil. Ce droit est l'étape supérieure au droit de résidence et requiert d'autres d'obligations légales qui doivent être respectés telles que « *l'accès aux entreprises* » les provisions du secteur d'activités économiques et les provisions pour la promotion et la protection du capital d'investissement.

Paragraphe II : Les droits attachés au statut du citoyen communautaire

97. En dépit de ses nombreuses difficultés, l'intégration constitue une première forme de rapprochement et de solidarité entre les peuples des États africains. Elle constitue tout de même un lien entre les peuples africains précisément les États membres de la Communauté économique des États de l'Afrique de l'Ouest fondés sur des préoccupations économiques, sociales et politiques. Elle est, sur le plan des droits subjectifs, une vraie traduction des engagements communs entre les États.

98. La liberté de circulation et l'égalité de traitement communautaire sont les deux droits fondamentaux de la citoyenneté dans l'espace CEDEAO. La classification de ces droits n'est pas aussi facile que l'on peut imaginer ; ils trouvent leur source dans le traité constitutif de la communauté, puis dans le droit dit dérivé, et sont en ce sens des droits par essence supranationaux. On pourrait sans doute sous ce registre les classer parmi les droits de « *fondamentaux de la communauté* », droits propres à la communauté[85]. Mais d'un autre côté, ils ne déploient leurs

[85] P. MAGNETTE, *« La citoyenneté européenne »*, éditions de l'université de Bruxelles, 1999, p. 66.

effets que sur le territoire des États, c'est-à-dire dans leurs ordres juridiques respectifs : ils ne créent pas de nouveaux droits subjectifs mais ouvrent des droits préexistants à de nouvelles catégories de droits et de bénéficiaire de ceux-ci, mais aussi de construire un espace commun, qui se manifeste notamment par l'émergence de droits subjectifs (**A**), en constituant par là une communauté de droit (**B**).

A. Les droits fondamentaux comme forme subjective de la communauté de droit

99. Dès le renouvellement des mouvements de l'intégration en Afrique précisément de l'Ouest, trois dimensions de la CEDEAO avaient conduit à l'émergence d'un véritable « *droit communautaire africain* ». D'abord, l'affirmation de la CEDEAO en tant « *communauté de droit* [86]», c'est-à-dire en ordre juridique doté des caractéristiques de l'État de droit, a conduit à la reconnaissance des droits fondamentaux propres à l'ordre juridique de la CEDEAO, et donc opposable aux institutions communautaires autant qu'aux États. En d'autres termes plus stricts, en tant que « *sujets de droit de l'espace CEDEAO* », les ressortissants des États membres bénéficient d'un certain nombre de droits fondamentaux qui peuvent être perçus comme la traduction au plan subjectif des éléments constitutifs de la CEDEAO. Là encore l'activité normative et l'activité juridictionnelle de l'organisation ont parfois conduit à la consécration de « *droits africains* » qui sont, de la même manière, la traduction subjective de cet ordre socio-économique. Enfin la CEDEAO constitue, à travers son système institutionnel, une entité politique[87], à

[86] L'ancien président de la commission des communautés économiques européennes, Walter HALLSTEIN utilisa sans doute le premier l'expression de communauté de droit dans une conférence prononcée en 1959. La formule par la suite reprise par la cour de justice des communautés européennes, en particulier dans l'affaire dite « *Les Verts* » du 23 avril 1986, est entrée dans le vocabulaire courant.

[87] Les États membres conjuguent ainsi leurs efforts pour parvenir à une

l'égard de laquelle les ressortissants des États membres disposent de certains droits politiques.

100. La notion de l'État de droit, liée au primat de la règle de droit et au contrôle juridictionnel, dont s'inspire la CEDEAO se rattache aussi au principe démocratique et à la protection des droits de l'homme[88] à un point tel que l'on peut se demander si elle n'englobe pas elle-même ces deux éléments. La cour de justice de la CEDEAO considère comme un acquis l'existence d'une communauté de droit dont elle tire les conséquences.

101. Est-il si sûr que la communauté de droit en Afrique de l'Ouest soit entièrement réalisée ? N'est-elle pas, par certains aspects, un objectif non encore atteint et vers lequel a tendu l'évolution sans le réaliser totalement ? La création d'une communauté économique entre les États africains ne pouvant qu'aspirer à devenir une union de droit a-t-elle permis de renforcer la communauté de droit et jusqu'à quel point ? Cette création n'a-t-elle pas suscité de nouvelles interrogations liées en particulier au protocole sur la démocratie et la bonne gouvernance ? C'est à ces interrogations que nous allons tenter d'apporter quelques éléments de réponse par une perspective comparatiste sur les conceptions relatives à l'État de droit.

102. Le concept de l'État de droit est inscrit à l'article 1 du protocole sur la démocratie et la bonne gouvernance parmi les valeurs communes à tous les États membres. Il entend garantir que toutes les autorités publiques agissent conformément aux valeurs de la démocratie et aux droits

---

union d'autorité supranationale sachant bien que chaque pays garde son autonomie, son indépendance, sa souveraineté. Les citoyens de chaque pays doivent bénéficier des apports positifs de l'intégration et contribuer à l'émergence de leur nation.

[88] Voir A. SALL, « *Le contentieux de la violation des droits de l'homme devant la cour de justice de la CEDEAO* », L'Harmattan, 2019, Sénégal, p. 264.

fondamentaux sous le contrôle de juridictions indépendantes et impartiales. D'abord, développé par la jurisprudence de la cour de justice de la CEDEAO, le standard de l'État de droit continue de nourrir une jurisprudence abondante portant notamment sur des violations des principes démocratiques dans les États membres.

103. Il englobe le principe de l'égalité, de sécurité juridique, d'interdiction de l'exercice arbitraire du pouvoir exécutif, de protection juridictionnelle effective assurée par des juridictions indépendantes et impartiales, de contrôle juridictionnel effectif y compris le respect des droits fondamentaux, de séparation des pouvoirs et d'égalité devant la loi. Dès lors, explique un auteur, que « *la légitimité de l'État et de tout organisme social doté d'un pouvoir public, donc de l'union supranationale, se traduit par une seule finalité : celle de promouvoir, directement ou indirectement, le bien de l'individu. Il résulte de cet aspect primordial de l'État de droit, la nécessité d'une protection efficace des individus et des droits fondamentaux*[89] ». Ce qui signifie que l'État agit exclusivement dans la forme juridique au moyen du droit[90]. Cette forme se caractérise par la subordination des normes les unes aux autres et consacre la conception formelle de l'État de droit. Ainsi, si la hiérarchie des normes est un moyen de réalisation de l'État de droit, la protection des droits fondamentaux en constitue la finalité.

104. La communauté de droit est justifiée d'une part, par l'existence d'une justice supranationale[91] dont les décisions

---

[89] R. ARNOLD, « L'État de droit comme fondement du constitutionnalisme européen », in RFDC, 2014/4 (n 100), pp. 769-776.

[90] M. J. REDOR, « *De l'État légal à l'État de droit, l'évolution des conceptions de la doctrine publiciste française, 1879-1917* », Economica/PUAM, 1992, p. 389.

[91] La Cour de justice de la Communauté a été créée conformément aux dispositions des articles 6 et 15 du Traité révisé de la CEDEAO de 1993 en tant que principal organe judiciaire de la Communauté. Le paragraphe 2 de l'article 15 indique que le statut, la composition, les

s'imposent aux États membres, aux institutions communautaires, ainsi qu'aux personnes privées, d'autre part, par la possibilité offerte aux personnes physiques et morales d'initier des recours contre les États membres[92].

105. Ainsi, aux termes de l'article 10 du protocole A/SP.1/01/05 du 09 janvier 2005, peut saisir la cour de justice de la CEDEAO « *toute personne victime de violations des droits de l'homme* ». La cour de justice de la CEDEAO est compétente pour connaitre des cas de violation des droits de l'homme dans tous les États membres. Il a été rappelé dans certains arrêts[93] que les États membres de la CEDEAO, en tant que parties contractantes du droit communautaire, ou en tant que garants de la mise en œuvre des droits humains reconnus dans le traité révisé de la CEDEAO sont débiteurs de ces droits et peuvent à ce titre assignés devant l'institution judiciaire principale de cette communauté.

---

pouvoirs, la procédure et les autres questions concernant la Cour sont définis dans un protocole y relatif.

Par la suite, le Protocole relatif à la Cour de Justice (A/P1/7/91) a été promulgué en 1991 pour réglementer le fonctionnement de la Cour en tant qu'organe judiciaire de la Communauté économique des Etats de l'Afrique de l'Ouest (CEDEAO) et chargé de la résolution des litiges liés à l'interprétation du Traité, des Protocoles et Conventions de la Communauté. Son article 2 faisait de la Cour le principal organe judiciaire de la Communauté. Le protocole de 1991 a été modifié par des protocoles additionnels (A. SP.1/01/05) de 2005 et (A/SP.1/06/06) de 2006. Les protocoles, complétés par le Règlement de la Cour, fournissent les règles de base pour le fonctionnement de la Cour.

[92] L. SINDJOUN, Préface de A. SALL, « *La justice de l'intégration. Réflexion sur les institutions judiciaires de la CEDEAO et de l'UEMOA* », CREDILA, 2011, p. 8. Le contentieux de la cour de justice de la CEDEAO est présenté comme un contentieux des droits de l'homme du fait de la croissance exponentielle des requêtes fondées sur « *les violations des droits de l'homme* », voir sur ce point A. SALL, « *Le contentieux de la violation des droits de l'homme devant la cour de justice de la CEDEAO* », L'Harmattan, Sénégal, 2019, p. 264.

[93] CJ, arrêt du 17 décembre 2009, Coordination nationale des délégués départementaux de la filière café cacao (CNDD) c/Réplique de Côte d'Ivoire. ECW/CCJ/JUD/05.09.

B. Les droits socio-économiques comme forme subjective de l'intégration économique entre les États membres

106. Le caractère fonctionnel de la libre circulation des personnes et le principe de non-discrimination en raison de la nationalité ont été construits par la cour de justice des communautés européenne comme de véritables droits fondamentaux, de par leur garantie au niveau constitutionnel, et individuels, puisque, malgré le fait que la jouissance de ces droits est conditionnée par le franchissement d'une frontière étatique et par l'exercice d'une activité économique, il s'agit alors de véritables droits subjectifs. Par conséquent, grâce à la subjectivation des objectifs économiques du traité, le statut juridique conféré par le droit communautaire aux ressortissants des États membres s'analysait comme une citoyenneté de marché[94]. Ce statut exprimait le fait que seuls les opérateurs économiques bénéficiaient de cette forme de citoyenneté et que la nature des droits attachés à ce statut était essentiellement d'ordre économique. Il traduit par conséquent une certaine instrumentalisation du ressortissant communautaire en vue de la réalisation du marché commun.

107. Néanmoins, la notion de citoyenneté souligne le saut qualitatif que l'ordre juridique communautaire a pu faire par rapport au droit international général et présente l'avantage d'indiquer que des droits de nature économique, ne sont pas politiquement neutres. En effet, en dépit de sa nature économique, le statut de ressortissant communautaire exprimait une ouverture de la citoyenneté nationale au profit

---

[94] Le concept de « citoyenneté de marché » a été avancé par la doctrine allemande, au début des années soixante, comme un concept capable de décrire le statut juridique des ressortissants nationaux en vertu du droit communautaire. Voir D. HANE, « Le développement de la citoyenneté de l'Union européenne », research papers in Law, 1/2006, Collège d'Europe.

des ressortissants des autres États membres dans le domaine économique, l'existence d'une citoyenneté économique.

108. Toutefois, il faut souligner que le processus économique de l'intégration régionale manque de pertinence économique. De façon générale, le processus est fondé sur le développement des échanges : le commerce extérieur est la variable économique motrice de l'expérience de la CEDEAO[95]. Or, le commerce international ne doit être la priorité que des économies dont l'appareil productif est structuré et performant.

109. Malgré ces difficultés méthodologiques, la CEDEAO dans le souci de favoriser la libre circulation des biens dans l'espace communautaire, a mis en place un plan de libéralisation du commerce[96]. Il est soutenu par plusieurs textes juridiques[97] devant y réguler les échanges.

---

[95] B. YVARS, « L'efficience des organisations d'intégration régionale en Afrique : une approche économique », in Mathieu FAU-NOUGARET (sous dir.), « *La concurrence des organisations régionales en Afrique* », L'Harmattan, 2012, p. 51.

[96] Commission économique des Nations Unies pour l'Afrique, « *État de l'intégration régionale en Afrique : vers une zone de libre-échange* », CEA, Addis-Abeba, 2012.

[97] En vue de compléter le Protocole A/P1/5/79 relatif à la libre circulation des personnes, le droit de résidence et d'établissement, adopté à Dakar le 25 mai 1979, le Conseil des ministres de la CEDEAO a adopté la Décision C/DEC.8/11/79. Celle-ci porte sur l'exonération totale des droits de douane et taxes, la libre circulation des marchandises sans aucune restriction quantitative ainsi que le non-paiement d'une indemnité pour perte de recettes résultant de l'importation. Cette décision a amorcé le processus de libéralisation des échanges dans l'espace communautaire. Par la suite, d'autres textes additionnels ont complété les dispositions du Traité. Ce sont essentiellement : la Convention A/P4/5/82 du 29 mai 1982 portant institution du Transit routier inter-états de marchandises (TRIE) ; le Protocole A/P.1/1/03 du 31 janvier 2003 relatif à la définition de la notion de produits originaires des États membres de la CEDEAO ; le Règlement C/REG.4/4/02 relatif à l'adoption d'un certificat d'origine des produits originaires de la communauté.

110. À cet égard, la libre circulation des biens consiste à permettre aux produits ou marchandises originaires des États membres de franchir les frontières sans être soumis à la fiscalité de porte (droits de douane et autres droits et taxes) qui frappe exclusivement les produits étrangers lors du franchissement des frontières[98]. Cependant, le traité fondateur de la CEDEAO instaure, en ses articles 35, 36, 37, 38 et 45, une coopération entre les États membres dans les domaines du commerce, des douanes, de la fiscalité, des statistiques, de la monnaie et des paiements. Ces dispositions sont relatives aux tarifs extérieurs communs (TEC), régime tarifaire de la communauté et réexportations de marchandises et facilités de transit.

111. Dans l'ensemble, ces textes garantissent la liberté de circulation en franchise de tout droit de porte des produits du cru, de l'artisanat traditionnel et industriel originaire des États membres de la CEDEAO. Le but recherché par les autorités politiques est de rendre applicables les textes du traité en relevant les défis politiques, économiques et socioculturels d'un espace communautaire en perpétuel changement et en prenant conscience des nouvelles formes de coopération économique et commerciale bilatérales et multilatérales dans la région afin d'impulser l'intégration commerciale et des peuples au sein des États membres.

112. En ce qui concerne spécifiquement le TRIE[99], il s'agit d'un régime douanier qui permet de transporter à l'intérieur des États membres de la CEDEAO, des marchandises par la route sans payer de droit de douane,

---

[98] Guide de la libre circulation des personnes et des biens en Afrique de l'Ouest, Labo Citoyenneté, 1994, p. 11, cité par K. NUTEFE TSIGBE, K. BAKAYOTA KPAYE, « La question de la libre circulation des biens dans l'espace CEDEAO (1975 - 2015) », in Revue Interventions économiques, Hors-série, 2017, consulté le 05 janvier 2022.

[99] La Convention A/P4/5/82 du 29 mai 1982 portant institution du Transit routier inter-états de marchandises (TRIE).

depuis le bureau de douane de départ des marchandises jusqu'au bureau de douane du pays de destination. Quant au Protocole de 2003[100], il suppose d'avoir un label en tant que produit originaire de l'espace communautaire, notamment un produit du règne animal n'ayant subi aucune transformation, un article fait à la main, un article entièrement obtenu dans un État membre, une marchandise obtenue à partir des matières premières d'origine communautaire dont la valeur est supérieure ou égale à 40 % du coût total des matières premières mises en œuvre ou dont la quantité est égale ou supérieure à 60 % de l'ensemble des matières premières utilisées, etc.

113. Enfin, le Règlement C/REG.4/4/02 concerne les produits fabriqués dans les États membres, mais qui n'ont pas le label des produits originaires de la communauté. Par ailleurs, dans le cadre de la réalisation de l'union douanière au sein de l'espace CEDEAO, il a été adopté, le 12 janvier 2006, la Décision A/DEC.17/01/06 portant mise en place du Tarif extérieur commun (TEC) de la CEDEAO[101]. C'est un mécanisme commun de taxation des marchandises originaires des pays tiers et importées par les différents États de la communauté.

---

[100] Le Protocole A/P.1/1/03 du 31 janvier 2003 relatif à la définition de la notion de produits originaires des États membres de la CEDEAO.

[101] Représentation permanente de la CEDEAO au Togo, document relatif à l'Atelier de sensibilisation et de formation des parlementaires, des représentants des ministères, de la société civile et de la presse locale, Lomé, les 3 et 4 novembre 2015, p. 38, cité K. NUTEFE TSIGBE, K. BAKAYOTA KPAYE, « La question de la libre circulation des biens dans l'espace CEDEAO (1975 - 2015), *op. cit.*,.

CHAPITRE II

LA CITOYENNETÉ COMMUNAUTAIRE COMME PALLIATIF CONSTITUTIONNEL AU DÉFICIT DÉMOCRATIQUE DE L'INTÉGRATION DES ÉTATS MEMBRES

La légitimité démocratique serait le ciment, l'amalgame qui peut rendre durables et acceptables les aventures humaines en matière de politique, de droit, et d'économie[102].

114. Il n'est pas sans intérêt de rappeler au préalable qu'être citoyen signifie justement posséder le droit, sinon le privilège de participer librement à la vie de la communauté politique à laquelle on appartient. Cette participation se fait d'abord par la discussion avec les autres membres de la collectivité pour déterminer les paramètres du bien commun parce que le dialogue fondé sur la tolérance, le respect et l'empathie permet de concilier davantage les intérêts individuels et l'intérêt général dans l'esprit d'une coexistence harmonieuse et pacifique.

115. L'intervention de la CEDEAO pour apporter son soutien aux crises politiques dans certains États membres a fini par démontrer que la participation des citoyens dans l'élaboration des solutions aux problèmes de leur communauté comporte d'énormes avantages. Cela permet d'éveiller les consciences et de développer la compétence civique en

[102] D. VENTURA, « La gouvernance démocratique et l'intégration économique. Regards croisés entre le Mercosur et l'Union européenne », in Revue Droit & Société, 2005/1, p. 94.

faisant reculer les frontières de l'ignorance. Cela favorise également l'esprit communautaire, lequel exige confiance, coopération et compromis entre les individus. Cela améliore enfin la prise de décision, la rendant plus juste, plus rationnelle, plus adéquate, plus acceptable et mieux acceptée. Ce qui nous amène à aborder la question de la dimension sociale, culturelle et politique de la citoyenneté dans le marché commun (**Section I**), avant de nous intéresser à la thématique de l'ordre constitutionnel de la CEDEAO (**section II**).

Section I
La dimension sociale, culturelle et politique de la citoyenneté dans le marché commun

116. L'inscription de la libre circulation des personnes parmi les libertés fondamentales du marché commun représente un moment essentiel pour la construction progressive d'une forme de citoyenneté africaine. En effet, cette liberté présente une dimension politique évidente, puisqu'il s'agit d'organiser la mobilité et la résidence des ressortissants des États membres au sein de l'espace communautaire[103]. Ainsi, l'interprétation dynamique du traité et des protocoles y afférent permet une ouverture progressive de la citoyenneté économique, sociale[104] et civile au profit des ressortissants des autres États membres

---

[103] A. A. GBECHOVI, « L'intégration sociale, question de genre et migration du travail en Afrique : cas des pays membres de la CEDEAO », in Revue africaine de Science politique et sociale, janvier 2027, n°12, p. 167. Le chapitre XI du Traité de la CEDEAO contient les dispositions relatives aux obligations des États membres de coopérer en ce qui concerne les questions sociales, culturelles et de développement et d'harmoniser et de coordonner leurs politiques et programmes dans ces domaines.

[104] A. SALL, I-M. FALL, « Une constitution régionale pour l'espace CEDEAO : le protocole sur la démocratie et la bonne gouvernance de la CEDEAO », p. 4.

et donc l'approfondissement, dans le paradigme du marché commun, d'une forme de citoyenneté démocratique. C'est pourquoi nous verrons successivement l'implication des citoyens à la formation de la volonté communautaire (**Paragraphe I**), et de l'extension de la démocratie politique à la démocratie sociale (**Paragraphe II**).

Paragraphe I : La participation citoyenne à la formation de la volonté communautaire

« *Perdu dans la multitude, l'individu n'aperçoit presque jamais l'influence qu'il exerce. Jamais sa volonté ne s'empreint sur l'ensemble, rien ne constate à ses propres yeux sa coopération*[105] »

117. En plaçant l'individu au cœur de l'ordre juridique de la communauté, la citoyenneté communautaire permet de faire correspondre à l'approfondissement de l'intégration économique, un nouveau rôle pour les citoyens des États membres, allant au-delà de la participation au marché commun, un véritable statut de citoyenneté, avec toute la charge symbolique, politique et juridique du concept. On assiste à un recentrage de la communauté sur l'unique référence possible d'un ordre démocratique, le statut des citoyens, leurs droits.

118. Par ses deux dimensions, juridique et politique, le régime juridique de la citoyenneté communautaire apparait comme étant d'inspiration classique. Et cela justifie le point de vue selon lequel la citoyenneté de la communauté est appelée à jouer un rôle politique structurant à travers deux voies principales : d'une part, à travers sa construction en tant que statut fondamental pour la reconnaissance et la garantie des droits individuels (**B**) et d'autre part, à travers sa construction en tant qu'institution démocratique légitime (**A**).

[105] B. CONSTANT, « De la liberté des anciens comparée à celle des modernes », discours prononcé à l'Athénée de Paris 1819.

A. La représentation de la société civile : La construction progressive d'une citoyenneté de participation

119. L'impératif de participation de la société civile organisée au processus politique de la CEDEAO a été clairement posé en tant qu'impératif démocratique dans ces dernières années. Le concept de « *société civile* » est plus restrictif que celui de « *population* », ou de « *peuple*[106] ». Il s'ajoute l'idée d'un « *vivre ensemble* » régie par une organisation d'ordre politique, mutuellement proclamée en vue du *« bien commun »*. L'union civile des citoyens se distingue de la soumission des « *sujets* » à un dictat, qui renvoie davantage à l'idée de servitude contrainte et coercitive[107]. L'étendue de la participation est appréhendée au travers du nombre et de la diversité des acteurs impliqués, elle est aussi fonction des moments où ont lieu cette participation et de sa fréquence. La profondeur de la participation mesure le degré avec lequel les acteurs peuvent influencer sur la décision, elle dépend en grande partie des techniques d'implication utilisées[108].

120. La fonction de légitimation de la consultation de la société civile organisée est censée résider dans l'inscription du processus de décision dans des processus délibératifs permettant une meilleure association de la société civile à la prise de décision et une structuration de l'opinion publique africaine. Cette nouvelle approche à l'égard de la légitimation démocratique de la CEDEAO s'appuie sur un débat conceptuel et théorique relatif à la nécessité d'une inclusion accrue de la société civile dans les processus de prise de décision communautaire.

---

[106] M. ZAKARIA, « *Qu'est-ce qu'un peuple ?* », mémoire de master II, Université Pierre Mendès France de Grenoble, 2013, p. 13.

[107] *Idem.*

[108] P-C. PUPION, « Démocratie, participation et gouvernance publique : quelles voies ? », in Revue Gestion et Management public, 2016/4 volume 5/n° 2, pp. 1-2.

121. Cependant, il a été constaté que le renforcement de la participation de la société civile organisée correspond à une évolution générale et de longue date des pratiques de la citoyenneté dans l'Europe occidentale[109] qui ne peut pas être ignorée par les institutions communautaires africaines.

122. Au niveau de la CEDEAO, l'adoption d'un modèle de légitimité complémentaire, fondé sur la participation de la société civile organisée, se justifie d'autant plus parce qu'il est destiné à remédier aux insuffisances qui découlent de l'application du schéma représentatif à la CEDEAO. Loin de remettre en cause le modèle représentatif, la présente réflexion postule un enrichissement de la notion démocratique, en s'inspirant des réflexions menées au niveau national qui ont conduit à la conceptualisation d'une « *démocratie associative* », voire même d'une « *démocratie délibérative* [110]».

123. Au sein des démocraties nationales, on assiste en effet, depuis un certain temps à une transformation des pratiques de décision. Dans la sphère de l'action publique, nombre de dispositifs et de procédures sont ainsi mis en place dans le but d'impliquer davantage une pluralité d'acteurs et d'organiser des discussions entre eux. Ces transformations s'accompagnent d'un changement idéologique, d'une formulation nouvelle de l'idée démocratique, à travers une valorisation de certains thèmes : la *discussion*, la *concertation*, la *consultation*, la *participation*, le *partenariat*, la *gouvernance*. En partant de l'idée que la démocratie dépend de la capacité des citoyens de prendre

---

[109] S. SARUGGER, « Démocratiser l'Union européenne par le bas ? Des « groupes d'intérêts » à la société civile organisée », in A. COHEN, A. VAUCHEZ, « *La constitution européenne. Élites, mobilisation, votes* », éd., Université de Bruxelles, Bruxelles 2007, p. 135.

[110] A. EFTIMIE, « *La citoyenneté de l'union : contribution à l'étude d'une communauté politique plurielle* », Thèse de doctorat, Université Montesquieu-Bordeaux IV, 2012, p. 989.

part au débat public, le principe de participation devrait être concrétisé par une culture renforcée de consultation et de dialogue, appliquée à tous les niveaux à l'ensemble des institutions communautaires et aux États membres et associant un nombre important d'acteurs, les associations, des collectivités régionales et locales, les parlements nationaux, la société civile, les groupes socioprofessionnels.

124. La finalité de ces mécanismes reste cependant la même chose : prévenir tout « *déficit démocratique* », associer les citoyens au fonctionnement de la communauté[111]. Le traité de la CEDEAO met en exergue ce souci de dépasser les États et de concerner les citoyens, saisis dans leurs singularités sociales ou professionnelles. La désignation ici de la société civile en tant que principale bénéficiaire des formes de participation retient sans doute notre attention, car elle est essentielle pour la compréhension de la notion de participation évoquée par le législateur communautaire.

125. La notion de la société civile est généralement comprise à travers la distinction établie par un philosophe[112] entre l'État, le marché et la société civile. Dans le même sens certains auteurs distinguent de manière péremptoire la « *société politique* », qui regroupe les partis politiques et les institutions politiques, notamment les parlements nationaux, de la « *société économique* », qui regroupe les organisations professionnelles, les entreprises et les coopératives, et de la « *société civile* », qui regroupe les associations, les mouvements sociaux, les ONG, et d'autres formes de la communication politique[113]. La société civile serait alors un

---

[111] Cet aspect de l'intégration a pendant longtemps été perdu de vue V. les critiques faites à ce sujet par s. ADOTEVI (pp. 87 et s.) et A. SALL, mutations de l'intégration en Afrique de l'ouest (p. 127).

[112] S. KHILNANI, « La société civile : une résurgence », Critique internationale, 2001, n°10, p. 30.

[113] J. COHEN, A. ARATO, « Civil society and political theory », MIT press, Cambridge, 1992, cité par A. EFTIMIE, « *La citoyenneté de*

concept général désignant « *toutes les formes d'action sociale des individus ou de groupe qui n'émanent pas de l'État et qui n'est pas dirigé par lui*[114] ».

126. Ainsi, l'article 3 du traité de la CEDEAO relatif aux buts et objectifs vise, entre autres, « *la promotion et le renforcement des relations et de la circulation de l'information en particulier entre les populations rurales, les organisations de femmes et de jeunes, les organisations socioprofessionnelles telles que les associations des médias, hommes et femmes d'affaires, de travailleurs de jeunes et de syndicats* ». L'article 61, relatif aux « *affaires sociales* », évoque également « *la mobilisation des différentes couches de la population* » « *les organisations de femmes et de jeunes, ainsi que les associations professionnelles* ». Le droit de la CEDEAO a accordé dès 1993, une place à la représentation fonctionnelle des intérêts à travers l'institutionnalisation de la consultation des intérêts organisés par l'implication au processus décisionnel du conseil économique et social. Enfin, la participation de la société civile y est circonscrite à la phase pré-décisionnelle, ce qui signifie qu'elle n'est pas de nature à remettre en cause la primauté du principe de démocratie représentative et de la notion d'intérêt général qui le sous-tend. Ce conseil a un rôle

---

l'union : contribution à l'étude d'une communauté politique plurielle », Thèse de doctorat, Université Montesquieu-Bordeaux IV, 2012, p. 992. Le livre blanc de la Commission européenne du 25 juillet 2001 a proposé une définition organique de la société civile, regroupant ainsi « les organisations syndicales et patronales (« les partenaires sociaux »), les organisations non gouvernementales, les associations professionnelles, les organisations caritatives, les organisations de base, les organisations qui impliquent les citoyens dans la vie locale et municipale, avec une contribution spécifique des églises et communautés religieuses.

[114] Voir avis du comité économique et social sur le « *rôle et la contribution de la société civile organisée dans la construction européenne* », JO C 329, 17 novembre 1999, p. 30.

consultatif. Son organisation et son fonctionnement doivent faire l'objet d'un protocole[115].

127. La représentation des groupements sociaux et professionnels est moins nettement affirmée dans le traité de l'UEMOA. Il ne fait pas de doute, cependant, qu'il est bien question d'elle à travers les organes consultatifs dont l'article 40 précise, outre la chambre consulaire régionale immédiatement mise sur pied, qu'ils pourront être créés, en tant que de besoin, par voie d'acte additionnel de la conférence des chefs d'État et de gouvernement.

S'agissant des groupements sociaux ; on peut citer le protocole additionnel relatif aux « *politiques sectorielles de l'UEMOA* », qui affirme la nécessité de créer un cadre favorable au renforcement du rôle de la femme et des actions communes en vue de l'amélioration du niveau sanitaire des populations. La réalisation de ces objectifs est renvoyée au conseil des ministres agissant par règlements, directives ou recommandations.

128. C'est dans ce cadre qu'a été adoptée, par exemple, la recommandation 3 de 1999, relative à la mise en œuvre d'actions communes en matière de promotion et de renforcement du rôle de la femme dans l'UEMOA. Elle encourage la scolarisation des filles, la ratification des instruments internationaux de promotion des femmes et suggère « *la mise en place dans chaque État membre d'un mécanisme de suivi et d'évaluation du plan d'action communautaire en matière de renforcement du rôle de la femme* ».

129. La CEDEAO est allée assez loin dans la représentation des groupements sociaux et professionnels. Elle a notamment adopté deux actes qui organisent ses relations avec les organisations non gouvernementales et avec les associations. Ces deux types de groupement sont d'ailleurs

---

[115] A. SALL, « *Les mutations de l'intégration des États en Afrique de l'Ouest. Une approche institutionnelle* », L'Harmattan, 2006, p. 127.

expressément visés par le traité en ses articles 81 et 82. Dans ce cadre, la construction de l'impératif participatif en tant qu'impératif démocratique s'appuie d'une part, sur la multitude des acteurs associés au processus décisionnel et, d'autre part, sur les formes de participation envisagées qui s'analysent comme autant d'espaces de délibération démocratique[116].

130. C'est une décision prise en 1994 qui porte statut d'observateur des ONG au sein de la CEDEAO et qui fixe les conditions d'octroi du statut ainsi que le contenu de celui-ci. Sur le premier point, les exigences posées sont de divers ordres, les ONG désireuses d'acquérir le statut d'observateur doivent présenter des garanties d'indépendance vis-à-vis des gouvernements ce qui doit notamment se traduire par le caractère non public de l'origine de leurs ressources. Un minimum de crédibilité et de sérieux est également requis à travers la nécessité d'avoir un siège permanent, des agences dans au moins deux États- membres et une gestion transparente des ressources financières[117].

131. Les ONG doivent en outre bénéficier d'une certaine représentativité, aussi bien du point de vue fonctionnel, une certaine notoriété dans le domaine d'intervention en cause – que personnel, présence de ressortissant d'État africain dans l'organisation. Il va de soi, enfin, qu'un rapport doit exister entre les centres d'intérêt de l'ONG et l'objet de la CEDEAO. La demande de statut d'observateur est adressée au secrétariat exécutif, lequel vérifie si les conditions posées sont respectées, avant de transmettre le dossier au conseil

---

[116] A. EFTIMIE, « *La citoyenneté de l'union : contribution à l'étude d'une communauté politique plurielle* », *op. cit.*, p. 996.

[117] A. SALL, « *Les mutations de l'intégration des États en Afrique de l'Ouest. Une approche institutionnelle* », éd., L'Harmattan, 2006, p. 128. La conférence des chefs d'État et de gouvernement ont adopté une décision relative au statut d'observateur des ONG sein de la CEDEAO et fixe les conditions d'octroi du statut.

des ministres qui fait une recommandation à la conférence des chefs d'État et de gouvernement, pour prendre la décision. Deux mécanismes de filtrage des candidats sont invités à faire connaître leurs préoccupations à travers des ONG régionales reconnues dont elles sont membres[118]. En outre les ONG poursuivant des buts similaires ou analogues devront se regrouper en comité conjoint ou toute autre structure fédératrice, chargée dès lors d'être l'interlocuteur de la communauté.

132. Le contenu même du statut d'observateur varie selon que l'ONG est classée dans la catégorie A et B. La première concerne les organisations dont l'activité, par son ampleur ou sa vitalité, peut présenter un intérêt fondamental pour la communauté. Ce qui est visé ici, c'est à la fois l'étroitesse ou tout au moins un certain lien entre l'activité de l'ONG et celle de la CEDEAO, ainsi que les retombées que cette activité peut avoir. L'entrée dans la catégorie A confère rang d'interlocuteur direct du conseil des ministres. Si la démocratie représentative constitue la principale source de légitimation des institutions de la CEDEAO, « *les ONG peuvent contribuer au renforcement d'une démocratie plus participative dans la communauté et au-delà* ». Mais elle a également exprimé sa volonté de promouvoir une conception plus exigeante de la participation, reposant sur une représentation équilibrée des intérêts.

133. Les ONG qui en bénéficient peuvent déléguer des observateurs auprès de réunions plénières du conseil, y être invitées ou lui communiquer des documents par le biais du secrétariat exécutif. La catégorie B est une catégorie résiduelle se définie négativement : elle regroupe les ONG qui, bien que réunissant les conditions minimales évoquées plus haut n'ont pu accéder à la première catégorie. La décision de 1994 indique seulement qu'elles ont un intérêt

[118] L'article 7.

spécial dans l'activité menée par la CEDEAO. Il s'ensuit que ces organisations se distinguent de celle de la catégorie A sur deux points.

134. D'abord, premièrement, les activités de la communauté ne les intéressant pas en général (« *fondamentalement », dit la décision), mais en particulier (notion « d'intérêt spécifique* »). Leur objet ne rencontre que de manière ponctuelle ou topique celui de l'organisation internationale. En second lieu, les ONG de la catégorie B ne contribuent pas à la réalisation des objectifs et buts de la communauté. Elles sont donc, de ce point de vue, moins actives que les premières. En fait, elles « *reçoivent* » plus qu'elles ne « *donnent* ». C'est pourquoi l'effet attaché à l'intégration dans la catégorie B est moindre : elle donne seulement le droit d'accéder à une institution autre que le conseil et la conférence.

135. Sur un point cependant, les deux types d'ONG sont traités de la même façon : c'est la possibilité qui leur est offerte de se concerter avec le secrétaire exécutif sur des questions d'intérêt commun. S'agissant des associations, leurs relations avec la CEDEAO ont fait l'objet d'un règlement adopté en novembre 1996 portant création d'un forum des associations dans une structure qui a vocation à être l'interlocuteur du secrétariat exécutif de la communauté[119].

136. Divers actes sont intervenus, portant attribution du statut d'observateur à des associations[120].

---

[119] J.O CEDEAO novembre 1996, Vol. 32, p. 16.

[120] La recommandation C/REC.1/11/96 relative à l'octroi du statut d'observateur au groupe d'Études et de Recherches sur la démocratie et le développement économique et social en Afrique (GERDES) ;
- La décision A/DEC.1/7/91 relative à l'octroi du statut d'observateur à la fédération des associations des industriels de l'Afrique de l'ouest ;
- La décision A/DEC.2.7/91 relative à l'octroi du statut d'observateur à l'Association des juristes africains ;
- La décision A/DEC.3/7/95 relative à l'octroi du statut d'observateur à

137. Au début de l'année 2005, il était question de la création d'un forum ouest-africain des organisations de la société civile (WACSOF). Le principe en a été retenu par la conférence des chefs d'État et de gouvernement de la communauté, et le secrétariat a invité à mettre en place cette nouvelle institution régionale[121]. Celle-ci, conformément à la volonté du conseil des ministres, exprimée en juin 2005, devrait bénéficier du statut d'observateur auprès de la communauté.[122]

138. En outre, l'organisation internationale a institutionnalisé l'attribution de l'ordre du mérite de la CEDEAO ainsi que la nomination des ambassadeurs de bonne volonté de la communauté, qui sont des citoyens ordinaires de la communauté qui se sont distingués dans divers domaines et jouent un rôle exemplaire dans la promotion des idéaux et objectifs stipulés dans le traité. Enfin, la CEDEAO a, dans la perspective de son dialogue avec les organisations de la société civile, récemment rappelé la nécessité de tenir compte de « *l'approche genre* », c'est-à-dire, en clair, la prise en compte de l'élément féminin dans les politiques d'intégration sous régionales.

139. Mais la participation des citoyens à la définition de la politique de l'intégration ne se fait pas que par ce biais de la représentation des intérêts catégoriels socioprofessionnels ou associatifs. Elle s'accomplit à travers l'exercice de droit civique, comme celui de concourir à l'élection du parlement de la communauté.

---

l'union des journalistes d'affaire de l'Afrique de l'ouest ;
- La décision A/DEC.6/8/94 relative à l'octroi du statut d'observateur à l'association internationale des unions de consommateurs.

[121] Rapport final des vingt huitièmes sessions de la conférence des chefs d'État et de gouvernement, Accra, janvier, 2005, p. 8.

[122] Projet de rapport des cinquante quatrièmes sessions ordinaires du conseil des ministres, doc ECW/LIV/12, Abuja, juin 2005, p. 13.

B. L'élection du parlement communautaire, comme forme de participation politique des citoyens

« La participation a pour objectif d'améliorer la prise de décision, en tenant compte des perceptions différentes des acteurs sur les problèmes à résoudre[123] »

140. Il s'agit ici de réconcilier *représentation* et *participation.* Le premier fondement de la citoyenneté en démocratie est de faire participer les personnes bénéficiant de ce statut à la formation de la volonté commune. Le principe était déjà inscrit dans l'article 6 de la Déclaration des droits de l'homme et du citoyen en 1789 : « *la loi est l'expression de la volonté générale. Tous les citoyens ont le droit de concourir personnellement, ou par leurs repré-sentants à sa formation* ». Le degré de citoyenneté peut être varié, la citoyenneté de représentation, celle qui se contente d'élire ses représentants une fois tous les cinq ou six ans, est loin de la citoyenneté de participation. Celle-ci, plus exigeante, demande la participation à la vie quotidienne de la communauté. Elle peut exister sans le droit de vote.

141. La qualité démocratique de la CEDEAO dépend nécessairement et en premier lieu de sa capacité à asseoir son titre à gouverner sur les citoyens. Cette exigence s'applique d'abord à l'existence même de la communauté. Elle est à priori remplie, puisque la CEDEAO doit son existence au consentement des « *pouvoirs constituants nationaux* », mais elle s'applique également aux « *pouvoirs constitués* » formant le système institutionnel de la communauté. Le respect de cette exigence implique par conséquent une légitimité démocratique des institutions de la communauté. Elle transite nécessairement par la *représentation.*

---

[123] P-C. PUPION, « Démocratie, participation, gouvernance publique : quelles voies ? », in Revue de gestion et management public, 2016/4 volume 5/n° 2, pp. 1-2.

142. Traditionnellement, au sein des ordres constitutionnels étatiques, c'est la représentation qui constitue le vecteur juridique de la légitimité démocratique. Notions antérieure et initialement distincte de la démocratie, unie à l'élection, la représentation politique donne corps à la démocratie représentative[124]. Dans ce cadre elle participe du processus de légitimation démocratique du pouvoir, et apparaît comme un mode de formation démocratique de la volonté politique. Elle a une fonction de légitimation du pouvoir. Ainsi, la légitimité démocratique est en passe de devenir beaucoup plus qu'une dette des gouvernements à l'égard du citoyen. Elle devient un outil dont ils ont besoin pour mettre en œuvre leurs projets intégrationnistes.

143. D'une part, la coalition entre les gouvernements et les citoyens peut faire face aux concentrations de pouvoir à l'échelle transnationale, surtout économique et qui se trouvent souvent à l'abri de toute réglementation, qu'elle soit bonne ou mauvaise, ou au moins les minimiser. D'autre part, l'entente citoyen-gouvernement peut aussi mettre au grand jour les nombres « *boites noires* » des bureaucraties nationales peu perméables aux évolutions culturelles et méthodologiques qui s'imposent lorsqu'on comprend la démocratie comme une valeur qui dépasse les simples absences de régime autoritaire et la consécration formelle des droits de l'homme[125].

144. La CEDEAO, a prévu parmi ses institutions un parlement. Cette nouveauté est intéressante à double titre. Tout d'abord, elle atteste une certaine vision supranationale, le désir d'intégration au-delà de la simple coopération. Sa

---

[124] A. EFTIMIE, « *La citoyenneté de l'union : contribution à l'étude d'une communauté politique plurielle* », Thèse de doctorat, Université Montesquieu-Bordeaux IV, 2012, p. 691.

[125] D. VENTURA, « La gouvernance démocratie et l'intégration économique. Regards croisés entre le Mercosur et l'Union européenne », in Revue Droit & Société 59/2005, p. 95.

greffe dans le schéma institutionnel tend donc à modifier les mécanismes par lesquels, jusque-là, les décisions étaient prises à la majorité. C'est dans cette optique que nous allons aborder la question.

145. D'autre part, dans la perspective de l'enjeu citoyen de l'intégration, l'étude d'institution parlementaire s'impose. Il s'agit alors, précisément, de voir dans quelle mesure les citoyens participent à la désignation de cet organe. L'article 3 du traité renvoie à un protocole, pour la définition du mode d'élection des membres du parlement. Ce protocole date du 6 août 1994. Il dispose en son article 7 que « *les députés et leurs suppléants sont élus au suffrage universel direct par les citoyens des États membres*[126] ».

146. La disposition suivante indique toutefois que « *jusqu'à ce que les membres du parlement soient élus au suffrage universel direct, les assemblées législatives des États membres ou les institutions et organes qui en tiennent lieu éliront en leur sein lesdits membres* ». Donc en principe, la participation politique des citoyens sera directe, elle ne souffrira aucun « *écran* ».

147. Ce faisant, les citoyens des États membres seront très imprégnés des choses communautaires. Élisant directement les députés, ils manifesteront à leur endroit une vigilance d'autant plus légitime que le serment même des parlements y invite. La vigilance caractérise à cet égard une disposition : la *présence,* l'*attention*[127]. Ceux-ci s'engagent en effet, aux termes de l'article 8 paragraphe 1 du protocole de 1994, « *à servir fidèlement les intérêts des populations de la communauté et de ne céder à aucune pression* ».

---

[126] L'expression citoyens des États membres, préférée à celle de citoyens de la communauté pourrait, à notre sens, s'expliquer par le fait que la définition des modalités pratiques de l'élection (jour, mode de scrutin, régime électoral) revient à chaque État membre et non à la communauté.

[127] P. ROSANVALLON, « *La contre-démocratie. La politique à l'âge de la défiance* », éd., Seuil, Paris, 2006, p. 46.

La profession de foi n'est pas négligeable : en dépit de la prohibition du mandat impératif, à l'instar des droits internes[128], elle suppose, au moins potentiellement, un conflit entre les intérêts des États et ceux des populations, conflit qu'elle tranche clairement en faveur de cette dernière.

148. De ce point de vue, la communauté l'emporte sur les États. Dans le cadre de l'UEMOA, c'est le traité du 29 janvier 2003, déjà évoqué en détail, qui fonde le principe de l'élection au suffrage universel des « *députés au parlement de l'union* ». Ceux-ci sont élus pour une durée de cinq ans, sur la base d'une procédure définie par un acte additionnel de la conférence des chefs d'État et de gouvernement, après consultation du parlement lui-même. Entre les électeurs et les parlementaires, toute relation organique ou de subordination est cependant bannie. Aux termes de l'article 6 du traité, le mandat impératif est prohibé. Sous réserve de ces points non encore acquis, on peut affirmer que la « *citoyenneté* » constitue bien un enjeu de l'intégration en Afrique de l'Ouest. Les progrès réalisés ne doivent pas conduire à se méprendre sur l'importance de la tâche qu'il restera à accomplir.

Paragraphe II : L'extension de la démocratie politique à la démocratie sociale

« La démocratie, la bonne gouvernance, c'est aussi la juste répartition des richesses »

149. Le législateur de la CEDEAO a compris très tôt que la démocratie politique doit se prolonger en démocratie sociale, car l'une ne peut d'ailleurs exister sans l'autre, elles ne sont que deux facettes du régime démocratique[129]. Une définition s'impose d'emblée pour comprendre la notion de

[128] Voir l'article 11 du protocole.

[129] Cours de R. CAPITANT, Espoir, Revue de l'Institut Charles de Gaulle, n° 36, Plon, 1901-1970, p. 69, cité par F. COULIBALY, « *Dialogue social au Mali. Réalité et enjeux* », L'Harmattan, 2019, p. 514.

démocratie sociale. Selon un auteur la démocratie sociale renvoie à une forme de société dans laquelle seraient exclus les privilèges économiques que confèrent la fortune, la situation sociale ou le type d'activité à laquelle s'adonne l'individu[130]. Il s'agit d'une société dans laquelle les relations sociales et les mécanismes économiques sont soumis à la volonté des individus impliqués dans ses relations ou utilisés dans ces mécanismes. C'est-à-dire leur volonté est celle du peuple réel et sert de fondement au pouvoir[131].

150. Les questions de « *démocratie sociale* » sont également abordées par le protocole sur la bonne gouvernance et la démocratie. La lutte contre la pauvreté et la promotion du dialogue social sont considérées comme des « *facteurs importants de paix*[132] », de même que l'éducation, la culture et la religion sont érigées en « *facteurs essentiels de développement*[133] ». Cependant, nous verrons successivement la promotion du dialogue social, comme un instrument de la gouvernance démocratique (**A**), et l'institutionnalisation des mécanismes d'échanges entre les acteurs sociaux (**B**).

---

[130] G. BURDEAU, « *Traité de science politique* », T. VII, « *La démocratie gouvernante, son assise sociale et sa philosophie politique* », LGDJ, 1973, n° 171, p. 461. Cité par F. COULIBALY, *op. cit.*

[131] *Idem.*

[132] A. SALL, *« Les mutations de l'intégration des États en Afrique de l'Ouest. Une approche institutionnelle* », L'Harmattan, Paris, 2006, p. 179.

[133] *Idem.*

A. La promotion du dialogue social, comme moteur de la gouvernance démocratique

> « *Combattre la pauvreté par le droit, éradiquer la faim par les droits de l'homme, lutter grâce au droit contre la marginalisation des pauvres*[134] *!* »

151. Le dialogue social est un instrument de gouvernance, en ce qu'il mobilise à la fois l'État, les travailleurs et le patronat. Son but est de promouvoir la paix sociale indispensable à tout développement économique[135]. Pour s'en convaincre il suffit d'interroger l'article 25 du protocole sur la démocratie et la bonne gouvernance qui dispose que « *les États membres conviennent que la lutte contre la pauvreté et la promotion du dialogue social sont des facteurs importants de paix* ». En réalité, il s'agissait pour la CEDEAO, non pas d'adopter de nouvelles normes en droit social ou de créer de nouveaux droits, mais de se donner un but qui lui permette d'intégrer la préoccupation sociale des citoyens, de se moderniser et de fédérer les politiques du travail des États autour d'un objectif commun[136].

152. Il était question pour l'organisation de se repositionner au plan sous régional en sa qualité de pionnière de l'intégration économique et sociale et de la promotion de l'amélioration de conditions de bonne gouvernance et de démocratie. En ce sens, le travail décent se présente comme

---

[134] D. ROMAN, « La justiciabilité des droits sociaux ou les enjeux de l'édification d'un État de droit social », in Revue des droits de l'homme, juin 2012, pp. 1-41.

[135] Le dialogue social constitue aujourd'hui un indicateur de l'attractivité économique d'un État selon le rapport élaboré chaque année par un groupe d'experts de la Banque Mondiale. Il classe les États selon le caractère plus ou moins favorable aux affaires de leur cadre juridique, économique, et social. Voir plus spécifiquement B. MARAIS, « *Des indicateurs pour mesurer le droit ? Les limites méthodologiques des rapports Doing Business* », LDF, Paris, 2006, p. 153.

[136] Voir l'article 27 du protocole.

une stratégie globale et intégrée, déclinée en programmes d'action dont le contenu est constitué de quatre éléments indissociables et interdépendants : la promotion de l'emploi, le renforcement de la protection sociale, la promotion des principes et droits fondamentaux, la promotion du dialogue social[137].

153. La problématique de la lutte contre la pauvreté dans les États de la CEDEAO dans ces dernières années a été particulièrement préoccupante, notamment celles qui relèvent de l'économie sociale, de l'insertion socio-professionnelle et du développement économique communautaire.

154. Pratiques préoccupantes, parce que les partenaires locaux et internationaux qu'elles ont suscités de même que les politiques publiques qu'elles ont contribué à générer constituent des paramètres de base d'intervention à la recherche de nouvelles réponses à la question sociale[138]. C'est à ce titre que le dialogue social fait constamment l'objet de réflexion[139] et une véritable promotion de la part

---

[137] D. K. KOUAKOU, « *Le dialogue social en Côte d'Ivoire* », Thèse de doctorat, Université de Bordeaux, 2020, p. 16.

[138] L. FAVREAU, « La lutte contre la pauvreté aujourd'hui : quelle (s) stratégie (s) ? », in Cahiers de la Chaire de Recherche au Développement communautaire, Université du Québec, janvier 2002, p. 3.

[139] Depuis plusieurs années, le concept de « *dialogue social* » fait l'objet d'étude et de réflexion en Afrique : on ne compte plus, en effet, le nombre de colloques, de thèses, d'articles qui y sont abondamment consacrés. Ainsi, l'expression « *dialogue social* » fait aujourd'hui partie des notions les plus usitées en droit social. Voir D. TOUNKARA, « Réalités du dialogue social au Mali et responsabilité du droit », in PH. AUVERGNON, CH. KENOUKON (sous dir.), « *Dialogue social dans les pays de l'espace OHADA et ailleurs dans le monde : la part du droit* », L'Harmattan, Paris, 2018, F. COULIBALY, « *Dialogue social au Mali. Réalités et enjeux* », L'Harmattan, Paris, 2019, p. 560, A. CISSE NIANG, « Dialogue social : quelques pistes d'échanges sur un concept à géométrie variable et des pratiques polymorphes », in PH. AUVERGNON, CH. KENOUKON (sous dir.), « *Dialogue social dans les pays de l'espace OHADA et ailleurs dans le monde : la part du*

de l'organisation internationale du travail (OIT), et en particulier la communauté économique des États de l'Afrique de l'Ouest.

155. Le législateur communautaire fait allusion au dialogue social sans le définir. De la même manière le législateur malien fait référence à la notion sans lui donner un contenu. Il le range d'ailleurs sous la rubrique de la « *négociation collective* », donnant ainsi une vision restreinte du dialogue social. La négociation collective est définie comme « *l'ensemble des discussions entre les représentants des employeurs ou des organisations professionnelles d'une part et des organisations syndicales des travailleurs d'une autre part, en vue de la conclusion d'une convention ou accord collectif du travail*[140] ». En réalité, elle n'est autre chose qu'une manifestation du dialogue social.

156. Le dialogue social, tel que défini par l'OIT inclut tous types de négociation, de consultation ou simplement d'échange d'informations entre les représentants des gouvernements, des employeurs et des travailleurs selon des modalités diverses, sur des questions relatives à la politique économique et sociale présentant un intérêt commun.

157. Il peut prendre la forme d'un processus tripartite auquel le gouvernement participe officiellement ou de relations bipartites entre les travailleurs et les chefs d'entreprise (ou les syndicats et les organisations d'employeurs), où le gouvernement peut éventuellement intervenir indirectement. Les processus de dialogue social peuvent être informels ou institutionnalisés ou associer – ce qui est souvent le cas – ces deux caractéristiques. Il peut se dérouler au niveau

---

droit », *op., cit.*

[140] S. GUINCHARD, TH. DEBARD, « *Lexique des termes juridiques* », 27° éd., Dalloz, 2019, cité par D. K. KOUAKOU, « *Le dialogue social en Côte d'Ivoire* », *op. cit.*, p. 18.

national, régional ou au niveau de l'entreprise. Il peut être interprofessionnel, sectoriel ou les deux à la fois.

158. La conception de la CEDEAO du dialogue social est très proche de celle de l'OIT. Cette définition du dialogue social est reprise par l'article 1 al. 7 du règlement portant création du forum du dialogue social tripartite de la communauté qui le défini comme *« tous types de négociation, de consultation ou simplement d'échange d'information entre les représentants des gouvernements, des employeurs et des travailleurs selon des modalités diverses, sur des questions relatives à la politique économique et sociale présentant un intérêt commun*[141] ».

159. L'objectif principal du dialogue social en tant que tel est d'encourager la formulation d'un consensus entre les principaux acteurs du monde du travail ainsi que leur participation démocratique. Les structures et les processus d'un dialogue social fécond sont susceptibles de résoudre des questions économiques et sociales importantes, de promouvoir la bonne gouvernance, de favoriser la paix et la stabilité sociale et de stimuler l'économie.

160. Dans les États membres, le secteur public et privé doivent mettre en commun leurs forces pour stimuler l'investissement privé, améliorer la productivité et distribuer équitablement les richesses. Les politiques publiques sont également nécessaires dans la création d'un environnement favorable au secteur privé et la stimulation d'une croissance pour lutter significativement contre la pauvreté. Le dialogue social constructif est basé sur le respect des principes démocratiques, des droits des travailleurs, l'indépendance des employeurs et les organisations des travailleurs[142].

---

[141] Règlement C/REG du 1 juin 2013 portant création du forum du dialogue social de la Communauté économique des États de l'Afrique de l'Ouest.

[142] Le cadre juridique est fondé sur les principes de la liberté d'association

161. Cependant, la faiblesse de la capacité des ressources humaines et institutionnelles des partenaires sociaux peut constituer un obstacle majeur à leur engagement effectif dans les négociations collectives, de la prévention et la résolution des disputes industrielles. À notre avis, il est important de chercher des nouvelles alternatives notamment l'amélioration de la capacité des syndicats à négocier collectivement les accords, à mieux analyser l'information sur le marché du travail, à mieux comprendre les conventions internationales du travail, à utiliser les données socio-économiques pour mieux renforcer les aptitudes à la négociation collective.

162. Il est sans doute aussi primordial de renforcer les capacités des organisations patronales indépendantes pour leur permettre d'exprimer les intérêts légitimes des grandes et des petites entreprises.

163. Le défi de la gouvernance démocratique est d'impliquer toutes les parties prenantes dans les procédures nationales de prise de décision et dans la gestion de la politique du travail. Les consultations tripartites devraient être élargies pour éventuellement couvrir toutes les politiques du travail, de l'emploi et les politiques macroéconomiques.

B. L'institutionnalisation des mécanismes d'échanges entre les acteurs sociaux : l'État comme régulateur

164. Le concept de régulation permet de faire ressortir une des fonctions essentielles de l'État en tant qu'instance préposée au maintien de la cohésion sociale. Ce maintien de la cohésion sociale ne passe pas seulement en effet par l'affirmation et la défense de l'identité collective du groupe (fonction de symbolisation) ainsi que par la protection et la sauvegarde de l'ordre social en vigueur (fonction de domi-

---

et le droit à la négociation collective ; il est renforcé par la ratification et par l'application effective des conventions internationales en la matière.

nation) ; il suppose aussi que les comportements sociaux soient harmonisés et les conflits sociaux résolus ; l'État apparaît comme un principe d'ordre, dont l'intervention permet de faire tenir ensemble les divers éléments constitutifs de la société, en leur imposant la discipline d'un projet collectif[143].

165. La revendication sociale est légitime dans une démocratie, car il est dans la nature sociale de tout homme de vouloir améliorer ses conditions de vie. Mais dans la répartition des droits de la croissance, l'État ne doit pas laisser les plus bruyants et les mieux armés prendre la part de ceux que l'on entend le moins. Il doit arbitrer entre les intérêts, établir des priorités, régler les rapports de forces. Il s'agit à ce niveau, de stratégie de recherche de paix qui atteignent malheureusement assez vite ses limites dans les situations spécifiques de violence de masse, où ni la définition des acteurs et de leurs mobiles, ni celle des enjeux, n'obéissent plus au canevas de gouvernance.

166. Face à ce déficit de capacité, la société civile apparaît comme une observatrice, mieux une actrice prépondérante dans les dynamiques de sortie de crise. C'est à juste titre que sa réaction face à certaines résolutions ou décisions internationales, ne doit point être négligée ou minimisée. Car, la société civile a un autre regard qui peut paraître intéressant et juste contrairement aux prises de position parfois et très souvent subjectives des acteurs principaux d'un conflit.

167. En effet, l'intensité des activités politiques due parfois aux situations de crise et conflit en Afrique de l'ouest a amené nombre de populations africaines au regard des marges de manœuvre dont elles disposent en termes de libertés publiques, d'affirmation de droits humains, à se

---

[143] J. CHEVALLIER, « L'État régulateur », in Revue française d'Administration publique, 2004/3 n°111 | p. 4734.

transformer en s'impliquant davantage dans la résolution des conflits de la société. L'on a en même temps assisté à la cristallisation d'une nouvelle conscience, celle d'être à la fois citoyen d'un État et responsable d'une communauté de destin. Ce double regain de citoyenneté et de responsabilité engendre à son tour un renversement radical de tendance dans les domaines relatifs à la recherche de réponses efficaces aux défis de la paix[144] et de la sécurité. Pour qu'une cohésion sociale tant souhaitée existe, encore faut-il que les comportements des différents éléments qui le composent soient rendus compatibles, qu'ils puissent être conciliés ; par une instance de régulation capable, c'est-à-dire l'État, par sa position d'extériorité et de supériorité par rapport aux intérêts en présence, de ramener la diversité à l'unité, l'hétérogénéité à l'homogénéité, le désordre à l'ordre est ainsi indispensable[145].

---

[144] La démocratie est un élément indissociable du développement et de la paix durable. Une synthèse de cette évolution se trouve dans l'agenda pour la démocratisation rédigé par l'ancien secrétaire général des Nations Unies Boutros Boutros GHALI, où il dit *« Institutions et pratiques démocratiques désamorcent les antagonismes par le débat et offrent des moyens de conciliation dont peuvent d'accommoder toutes les parties prenantes, réduisant ainsi le risque que les divergences ou les différends ne tournent à l'affrontement ou au conflit armé [...] La démocratie au sein des États favorise l'éclosion du contrat social nécessaire pour que puisse d'établir une paix durable. Une culture de la démocratie est donc fondamentalement une culture de paix. Institutions et pratiques démocratiques au sein des États peuvent de même favoriser la paix entre les États. (...) La démocratie contribue au maintien de la paix et de la sécurité, à la justice et au respect des droits de l'homme, au développement économique et social »*. B. B. GHALI, *« Agenda pour la démocratisation »*, Letter dated, 11 décember 1996 from the Secretary-General adreesed to the president of the general assembly, doc. À/51/761, 20 décembre 1996, 51°eme session, New York. Cité par M. FAU-NOUGARET (sous dir.), « Les organisations régionales africaines et les changements de pouvoir anticonstitutionnels », in « *La concurrence des organisations régionales en Afrique* », L'Harmattan, Paris, 2012, pp. 409-410.

[145] *Ibid.*

168. Corrélativement, la régulation sociale prend une dimension nouvelle : les autorités politiques des États membres doivent avoir la volonté de promouvoir, au-delà de l'égalité formelle des droits, une égalité sociale réelle produit de la culture démocratique et égalitaire moderne, ils doivent (Les États) constamment avoir comme fonction de créer une société plus juste et mieux intégrée, par la réduction des inégalités et la possibilité donnée à tous d'accéder aux mêmes biens essentiels.

Section II
La CEDEAO à la recherche d'un nouvel ordre constitutionnel démocratique supranational

Une bonne gouvernance démocratique doit inévitablement se concentrer sur la promotion et la protection des droits l'homme et des libertés fondamentales. Sans cette protection, il ne peut pas exister de véritable démocratie[146].

169. On avance aujourd'hui de plus en plus que la démocratie représentative est en « *crise*[147] ». Plutôt que de

[146] M. TOMMASOLI, (sous dir.), « Démocratie et droits de l'homme : le rôle de l'ONU », Document directif 2013.

[147] La notion de « crise » désigne des situations comportant potentiellement ou effectivement une dimension de conflits violents, d'échelle et d'intensité variables. Elle indique une conjoncture de risques et de menaces pensant sur la paix et la sécurité, la stabilité et les équilibres stratégiques. Elle fait référence à un seuil élevé de tensions (avec un risque de rupture) atteint par des rapports sociopolitiques, stratégiques, militaires, diplomatiques et/ou économiques. Les crises peuvent constituer des prémices ou des séquences plus ou moins aiguës de conflits violents. C'est ce qui fait d'ailleurs que le terme de « crise » est souvent utilisé au sens de « conflit armé ». Mais la crise peut être aussi politique, économique et voire même socioculturelle. M. DIALLO, « Répondre durablement aux crises : le rôle de la gouvernance démocratique. Leçons tirées du contexte ouest-africain », in BELLINA Séverine, MAGRO Hervé, DE VILLEMEUR Violaine (sous dir.), « *La gouvernance*

parler de crise, elle subit une mutation qui est liée, pour une bonne part, à l'émergence de la justice constitutionnelle et de la révolution citoyenne. Dans cette perspective, deux éléments participent à cette mutation : d'abord, la CEDEAO se présente comme un avant-gardiste de la démocratie, mais qui ne trouve plus son sens dans les États membres, ensuite à travers la montée en puissance des modifications des constitutions à des fins purement électorales, les citoyens ont trouvé un moyen leur permettant de contrôler, entre deux élections, le travail des gouvernants. Le contrôle en dehors des moments électoraux que les gouvernés exercent sur les gouvernants à travers la révolution, contribue à l'émergence d'une nouvelle forme de démocratie : la « *démocratie continue* ». En ce qui concerne cette partie, nous allons voir successivement la promotion de l'exercice de la citoyenneté, comme vecteur de l'ordre libéral et démocratique par le protocole (**A**), et les sanctions au non-respect de la garantie des principes démocratiques en (**B**).

Paragraphe I : Le protocole A/SP1/12/01 : la promotion de l'exercice de la citoyenneté, comme vecteur de l'ordre libéral et démocratique

170. Bien que la CEDEAO ne soit pas un État à proprement parler, elle possède un certain nombre de compétences et caractéristiques étatiques. L'adoption de ces différents principes illustre la volonté de la communauté de s'inscrire au moins partiellement dans le modèle national et révèle son ambition de réunir les citoyens composant son espace dans une entité qui n'est certes pas un État au sens propre ou au sens d'État-nation, mais qui vise à établir les fondements d'une communauté démocratique entre les peuples africains. L'idée même de la *bonne gouvernance* démocratiqu*e* constitue sans doute l'un des apports importants

---

démocratique. Un nouveau paradigme pour le développement ? ». Éd., Karthala, Paris, 2008, p. 169.

du protocole. En effet, ce sont les principes de la démocratie et de l'État de droit qui ont préoccupé les auteurs du protocole, comme en témoigne son intitulé même « *Protocole sur la Démocratie et la bonne Gouvernance*[148] ». Le protocole sera étudié ici sous deux angles : d'abord la réaffirmation des valeurs démocratiques et de l'État de droit **(A),** et son assistance dans l'organisation des compétitions électorales dans les États (**B**).

A. La réaffirmation des options constitutionnelles des principes démocratiques communs aux États membres

171. Dans le système de la démocratie représentative, si le peuple est détenteur du pouvoir, il consent à s'en défaire pour le confier à des représentants désignés au moyen du vote. Lors de chaque élection, on peut donc considérer que le pouvoir revient entre les mains du peuple qui désigne de nouveau ses représentants. Nous constatons que le peuple est l'élément central de cette délégation consentie : il détient le pouvoir et est actif dans la désignation de ses représentants. Le processus de désignation se concrétise dans des élections qui doivent obéir à plusieurs principes de base pour être considérés comme démocratiques.

172. Ces principes sont entre autres, le principe de la séparation des pouvoirs, la valorisation, le renforcement des parlements et la garantie de l'immunité parlementaire ; l'indépendance de la justice, les droits de la défense

---

[148] Le préambule du protocole précise les objectifs poursuivis : les rédacteurs ayant décidé à apporter les mécanismes nécessaires aux mécanismes de prévention, de gestion, de règlement des conflits, de maintien de la paix et de la sécurité existant à l'intérieur de la communauté. En constatant que le Protocole du 10 décembre 1999 pour avoir plus d'efficacité exige d'être complété notamment dans le domaine de la prévention des crises intérieures, de la démocratie, de la bonne gouvernance, de l'État de droit, des droits de la Personne. Elle suppose donc le respect du pluralisme, la participation directe des citoyens aux choix collectifs et la garantie des droits et libertés. L'État de droit devient ainsi un des éléments constitutifs de la démocratie.

reconnus aux avocats, la transparence des élections et le bannissement de tout mode anticonstitutionnel d'accession au pouvoir[149] ; l'État doit être laïc. L'État doit être neutre dans le domaine de la religion ; chaque citoyen a le droit de participer librement et dans le cadre des lois en vigueur la religion de son choix en n'importe quel endroit du territoire national[150]. La même laïcité s'impose à tous les démembrements de l'État, mais elle ne doit pas priver l'État du droit de réglementer, dans le respect des droits de la personne, les diverses religions sur le territoire national ni d'intervenir en cas de troubles à l'ordre public ayant pour source une activité religieuse[151].

173. L'opposition politique doit être libre, et un système de financement public des partis politiques doit être encouragé. Les partis politiques doivent se créer librement et leur activité doit s'exercer dans le cadre des lois en vigueur dans l'État membre. Leur formation et activité ne doivent avoir pour fondement aucune considération raciale, ethnique, religieuse, ou régionale[152]. Ainsi, ils doivent participer sans contrainte, ni discrimination et en toute liberté à tout processus électoral. Cependant, l'État et toutes ses institutions doivent être obligatoirement nationaux. En conséquence, aucune de leurs décisions et actions ne doit avoir pour fondement ou pour but une discrimination ethnique, religieuse, raciale ou régionale.

---

[149] Tout changement anticonstitutionnel est interdit de même que tout mode non démocratique d'accession ou de maintien au pouvoir. M. FAU-NOUGARET (sous dir.), « Les organisations régionales africaines et les changements de pouvoir anticonstitutionnels » in « *La concurrence des organisations régionales en Afrique* », L'Harmattan, 2012, Paris, pp. 409-434.

[150] L'article 1er, (f), du protocole sur la Démocratie et la bonne Gouvernance de 2001.

[151] *Idem.*

[152] *Idem.*

174. Les droits énoncés dans la charte africaine des droits de l'Homme et des peuples, ainsi que les instruments internationaux doivent être garantis dans chacun des États membres ; tout individu ou toute organisation a la faculté de se faire assurer cette garantie par les juridictions de droit commun ou par une juridiction spéciale ou par toute institution nationale créée dans le cadre d'un instrument international des droits de l'Homme. En cas d'absence de juridiction spéciale, le protocole additionnel donne compétence aux organes judiciaires de droit commun[153].

175. Les États membres de la CEDEAO doivent assurer l'exercice sans entraves des libertés publiques et doivent également élaborer **un statut pour les anciens chefs d'État.**

B. L'assistance de la CEDEAO dans l'organisation des élections dans les États membres

176. L'administration électorale est une question souveraine, en ce sens qu'elle doit être libre, transparente, fiable et crédible pour être acceptée par tous. Pour ce faire, elle doit respecter les dates ou périodes fixées par la constitution et les lois électorales dans les États membres[154]. Les finalités de l'observation électorale diffèrent selon les rôles et les intérêts respectifs des parties impliquées, qu'il s'agisse de partis politiques, de groupes non partisans de la société civile ou d'organisations internationales[155]. Cependant, il existe un dénominateur commun aux activités d'observation : fournir de la transparence dans le processus électoral. La transparence est un élément fondamental du processus électoral démocratique, implicite dans les principes des textes internationaux, et elle est inhérente à l'organisation pratique des élections dans les États démocratiques.

---

[153] *Ibid.*

[154] L'article 2 paragraphe 2 du protocole sur la démocratie et la bonne gouvernance.

[155] J. STONESTREET, « finalités de l'observation des élections dans le vote électronique », Le Seuil, 2011/2 n° 51, pp. 75-89.

177. Le manque d'observabilité sur des aspects cruciaux du processus électoral risque de compromettre la confiance du public dans les élections. L'évolution de la culture démocratique dans l'espace CEDEAO est marquée par la tenue périodique d'élections irrégulières, peu crédibles et violentes, pendant ses dernières décennies. C'est pourquoi la détermination et la résilience des citoyens et des différentes institutions nationales, ont affirmé la volonté de promouvoir et de défendre la démocratie afin de s'assurer que la plupart des dirigeants de la région obtiennent désormais leur mandat et leur légitimité des urnes.

178. Cependant, il est important pour tout processus de vote de définir la transparence comme l'un de ses principes primordiaux et de garantir une observabilité totale. La CEDEAO cherche à montrer à travers ses instruments que la transparence, nécessaire à une observation électorale rigoureuse, est aussi un prérequis de bonne gouvernance démocratique.

179. En vertu de son Protocole additionnel sur la démocratie et la bonne gouvernance, il est fait interdiction à toute modification de la loi électorale dans les six mois qui précèdent une élection, sauf si un consensus clair se dessine pour la modification. Le fichier électoral des États doit être tenu à jour, et sa fiabilité doit être garantie ; les organes de surveillance des élections doivent être réellement indépendants et les scrutins eux-mêmes doivent se tenir à intervalles réguliers et prévisibles[156]. Une fois le verdict des urnes délivré, celui-ci doit être respecté par tous les acteurs du jeu politique. Il prescrit la tenue régulière des élections à date échue, l'observation des élections et l'assistance de la CEDEAO[157].

---

[156] I. M. FALL, A. SALL, « Une constitution régionale pour l'espace CEDEAO : le protocole sur la démocratie et la bonne gouvernance de la CEDEAO », p. 3, disponible www.laconstitution-en-afrique.org, consulté le 18/4/2021.

[157] *Idem.*

180. Ainsi, à travers l'article 12 du protocole, tout État peut demander à la CEDEAO de lui apporter son aide et assistance à l'organisation et au déroulement de toute élection. Cette aide ou assistance peut s'effectuer sous n'importe quelle forme utile. De même, la CEDEAO peut envoyer dans le pays concerné une mission de supervision ou d'observation des élections. À l'approche d'une élection devant se tenir dans un État membre, le Secrétaire exécutif de la CEDEAO envoie dans le pays concerné une mission d'information[158]. Cette mission peut être suivie d'une mission exploratoire destinée à : collecter tous les textes devant régir les élections concernées ; collecter toutes les informations et tous éléments caractérisant le cadre et les conditions dans lesquels devront se dérouler les élections ; réunir toutes informations utiles relatives aux candidats ou aux partis politiques en compétition ; rencontrer tous les candidats, les responsables des partis politiques et autorités gouvernementales et autres responsables compétents ; évaluer l'état des préparatifs ; recueillir tous éléments utiles à une exacte appréciation de la situation[159].

181. Outre les principes constitutionnels et électoraux, le législateur pose des principes de bonne gouvernance et recommande la promotion des droits des femmes et des enfants. Pour assurer le respect de ces dispositions et éviter la manipulation à souhait des normes constitutionnelles par les pouvoirs, le protocole prévoit, en cas de non-respect des principes, des sanctions applicables aux États[160]. Enfin, le protocole est ainsi à la fois une bonne base et une source de légitimation de l'entreprise de l'adoption de normes et standards en matière électorale dans la région ouest-africaine.

---

[158] L'article 13 du protocole sur la démocratie et la bonne gouvernance précité.

[159] *Idem.*

[160] I. M. FALL, A. SALL, « Une constitution régionale pour l'espace CEDEAO : le protocole sur la démocratie et la bonne gouvernance », *op., cit.*

Cela peut se révéler d'autant plus réalisable si l'on sait qu'il y a ailleurs dans le continent des expériences concluantes d'harmonisation des normes et pratiques électorales[161].

Paragraphe II : Les sanctions au non-respect de la garantie des principes démocratiques

182. La réalisation du droit, étant l'effectivité de ce qui est convenu, c'est à la mise en œuvre des règles qu'on peut mesurer la pertinence de l'intégration. Mais il faut relever tout de même qu'en prenant spécifiquement la gouvernance globale des affaires, le protocole sur la Démocratie et la bonne Gouvernance ainsi perçue ne rime pas toujours avec prospérité des affaires. Elle a seulement le mérite de permettre les prévisions, car gouverner comme on a coutume de le dire, c'est garantir et protéger les droits humains. Or, faudrait-il le souligner, la réalisation du droit, en dehors de tout conflit, n'est pas l'affaire des juridictions. Elle est avant tout une question de gouvernance laquelle est intimement liée à l'idée de l'État de droit. C'est à juste titre qu'on a pu dire que « *l'inapplication des lois atteste qu'une fonction gouvernementale n'est pas remplie*[162] ».

183. La gouvernance considérée ici comme un ensemble de processus par lesquels une société s'organise en vue de gérer ses ressources sociales et économiques pour un but déterminé[163]. Cette définition met l'accent sur un certain nombre de caractéristiques de ce processus, principalement la prévisibilité des règles et la croissance des capacités, en particulier dans le secteur public, pour formuler et réaliser

---

[161] *Idem.*

[162] J. CARBONNIER, « *Flexible droit, pour une sociologie du droit sans rigueur* », 6° éd., LGDJ, Paris, 1988, p. 124.

[163] R. CHARLICK, « Le concept de gouvernance et ses implications en Afrique », in M. ESOAVELOMANDROSO, G. FELTZ, (sous dir.), « *Démocratie et développement : Mirage ou espoir raisonnable ?* », éd., Karthala, Paris, 1992, pp. 20-21.

efficacement et effectivement des politiques[164]. C'est pourquoi la CEDEAO prévoit des sanctions en cas violation des engagements communautaires (**A**), sans oublier aussi que des difficultés peuvent survenir pouvant laisser certains problèmes sans réponse (**B**).

A. La diversité des sanctions selon leur gravité

184. La Communauté économique des États de l'Afrique de l'Ouest se prononce de plus en plus sur des situations politiques internes, avec une constance : la répudiation de la violence comme mode d'accès au pouvoir et, à contrario, la préférence pour les voies pacifiques, démocratiques et transparentes. Il est question d'une idéologie de l'État de droit disait un auteur[165], et d'une politisation du processus d'intégration entre les États. Il est clairement précisé que la mauvaise gouvernance a un coût pour la stabilité politique et économique, pour relever durablement ce défi, il faudrait une rupture avec les mauvaises pratiques qui nuisent à la qualité des résultats économiques.

185. En dépit des progrès économiques réalisés ou en voie de réalisation par l'intégration, ces dernières années, la gouvernance demeure un grave problème dans les États membres. À tire d'exemple, l'on observe que la mauvaise gouvernance entraîne de mauvaises élections, qui par ricochet, fragilisent les institutions, notamment la justice, et entrave l'égalité des chances et même la liberté d'expression[166].

---

[164] Banque Mondiale, « Managing Development : The Gouverance dimension - A Discussion Paper », du 29 aout 1991, pp. 1-23.

[165] A. SALL, *« Les mutations de l'intégration des États en Afrique de l'Ouest. Une approche institutionnelle »*, *op. cit.*, p. 114.

[166] Actes de conférence économique Africaine (CEA), qui s'est tenue le 4 et 5 décembre à Addis-Abeba, organisé conjointement par la Banque Afrique de Développement (BAD) et la Commission des Nations Unies pour l'Afrique (UNESCO), et programme des Nations Unies pour le Développement (PNUD), 12° éd., p. 2.

186. La CEDEAO pour réussir sa mission et faire aboutir sa politique communautaire dans les États, a mis en place un régime de sanctions en cas de rupture de la démocratie par quelque procédé que ce soit et en cas de violation massive des Droits de la Personne dans un État membre, elle peut prononcer à l'encontre de l'État concerné, des sanctions[167].

187. La Conférence des Chefs d'État et de gouvernement peut prendre des sanctions allant par graduation : refus de soutenir les candidatures présentées par l'État membre concerné à des postes électifs dans les organisations internationales ; refus de tenir toute réunion de la CEDEAO dans l'État membre concerné ; suspension de l'État membre concerné dans toutes les instances de la CEDEAO ; pendant la suspension, l'État sanctionné continue d'être tenu au paiement des cotisations de la période de suspension[168].

188. C'est par exemple le cas du Mali et de la Guinée Conakry où la situation était particulièrement tendue. Après le coup d'État de 2020, elle avait suspendu le Mali de tous ses organes de décision, fermé les frontières de ses États membres et stoppé les échanges financiers et commerciaux avec le pays, à l'exception des produits de première nécessité. Elle avait levé les sanctions quand la junte avait paru se plier à ses exigences. Une mission de la CEDEAO était dépêchée au Mali pour évoquer l'éventualité de sanctions, d'autant plus que la situation est préoccupante pour toute la région, et même au-delà. En Guinée, tout comme le Mali, la CEDEAO a également décidé de geler les avoirs financiers des nouveaux dirigeants des deux pays et des membres de leurs familles, nonobstant le principe de la libre circulation des personnes et de leur imposer des

[167] L'article 45 paragraphe 1 du Protocole A/SP1/12/01 sur la Démocratie et la Bonne Gouvernance additionnel au protocole relatif au mécanisme de prévention, de Gestion, de règlement des conflits, de maintien de la Paix et de la Sécurité.

[168] Paragraphe 2 de l'article 45.

interdictions de voyager. La Cour de Justice de la Communauté a suspendu toutes les procédures concernant le Mali et la Guinée, deux pays membres dirigés par des militaires.

189. En application de l'article 78 du règlement intérieur de la Cour qui dispose que « *la procédure peut être suspendue dans tous les cas, par le président sauf pour les renvois préjudiciels* ». Aucun acte de procédure ne sera enregistré par le greffe dans toutes les affaires provenant de ces deux pays.

190. Pendant ladite période, la CEDEAO continuera de suivre, d'encourager et de soutenir tout effort mené par l'État membre suspendu aux fins de retour à la vie institutionnelle démocratique normale.

B. La pertinence douteuse de l'efficacité des sanctions communautaires

191. L'une des problématiques auxquelles est confrontée l'organisation sous régionale réside dans l'efficacité de la sanction de la rupture à l'ordre constitutionnel, et appelle à une rénovation importante. En effet, c'est toute une chaine d'impacts qui est concernée par la question, car la réussite de la mise en place d'un espace démocratique unifié entend une sécurité économique et financière des populations dans leur vie quotidienne. Ceci aura pour effet de rendre véritablement effectif non seulement l'application du droit harmonisé mais plus l'effectivité de sa mise en œuvre à travers les décisions rendues.

192. Mais malheureusement, sur la question, les États ne sont pas encore prêts à un tel enjeu, ils n'ont pas encore le potentiel et les aptitudes pour conduire une si grande politique de développement économique.

193. Il faut remonter au coup d'État de 2012 au Mali pour retrouver les traces de l'intransigeance de la Communauté économique des États de l'Afrique de l'Ouest dans un passé récent. À la junte militaire, qui avait renversé le 22 mars le défunt président Amadou Toumani Touré, la

CEDEAO avait imposé le 2 avril 2012 « *des sanctions diplomatiques, économiques et financières*[169] ». Quatre jours plus tard, le processus de transition était enclenché.

194. Les discussions menées par le médiateur[170] désigné par la Conférence des Chefs d'États et de gouvernement pour le suivi de ce dossier, notamment avec la Junte, les différentes forces politiques, les religieux et la société civile ont abouti le vendredi 6 avril 2012 à la signature d'un accord-cadre pour le retour à « *l'ordre constitutionnel*[171] ».

195. Cependant, il semble que, quel que soit l'arsenal répressif adopté, la CEDEAO peine à dissuader les armées de la sous-région de prendre le pouvoir. Un coup d'État a eu lieu en Guinée-Bissau le 12 avril 2012 mené par l'armée, commandée par le général Mamadu Ture Kuruma, vice-chef de l'état-major, faisant suite au premier tour d'une élection présidentielle contestée. La CEDEAO n'a joué que la carte de médiation pour tenter de trouver une solution à la crise. En 2009, la CEDEAO a suspendu le Niger sous le régime du président TANDJA pour violation des textes communautaires de l'organisation. En février 2010 après le coup d'État, la CEDEAO a préféré adopter une approche plus conciliante envers la Junte, elle est plutôt demeurée en retrait pour observer le processus de transition.

196. Cependant, il faut souligner que l'embargo qu'impose la CEDEAO pèse également sur les partenaires commerciaux du pays sanctionné notamment les autres États membres frontaliers. Par exemple après la sanction économique de la CEDEAO, à l'État malien et en guise de représailles, les professionnels du bétail avaient arrêté leurs exportations vers les pays membres de la CEDEAO. Donc forcément, ils

---

[169] Voir Communiqué de son excellence monsieur Alassane Ouattara, président de la conférence des chefs d'État et de gouvernement de la CEDEAO sur la situation au Mali, le 7 avril 2012.

[170] Blaise Compaoré, l'ancien président du Burkina Faso.

[171] *Ibidem.*

seront obligés de venir se ravitailler sur le marché malien. De la même manière l'essentiel du bétail ivoirien est exporté du Mali.

197. Il est à rappeler que la CEDEAO a pris en 2012 un acte additionnel[172], définissant le régime des sanctions à l'encontre des États membres qui n'honorent pas leurs obligations vis-à-vis de l'organisation. L'article 6 dudit acte additionnel énumère les sanctions politiques[173] qui sont susceptibles d'être prises par la Conférence des Chefs d'État et de gouvernement. Mais curieusement lors la réunion conjointe de la CEDEAO et de l'UEMOA qui s'est tenue le 09 janvier 2022 à l'Accra au Ghana, l'organe

---

[172] Acte additionnel A/SA.13.02/12 portant régime des sanctions à l'encontre des États membres qui n'honorent pas leurs obligations vis-à-vis de la CEDEAO.

[173] L'article 6 définit les sanctions politiques applicables à l'encontre des États membres qui n'honorent pas leurs obligations vis-à-vis de la Communauté peuvent comprendre : (**i**) la suspension de l'octroi de tout nouveau prêt ou de toute nouvelle assistance par la Communauté ; (**ii**) la suspension de décaissement pour tous les prêts, pour tous les projets ou les programmes d'assistance communautaire en cours ; (**iii**) le rejet de la présentation de candidature aux postes statutaires et professionnels ; (**iv**) la suspension du droit de vote ; (**v**) la suspension de la participation aux activités de la Communauté. (**vi**) le refus de soutenir les candidatures présentées par l'État membre concerné à des postes électifs dans les organisations internationales ; (**vii**) le refus de tenir toute réunion de la CEDEAO dans l'État membre concerné ; (**viii**) la suspension de l'État membre concerné dans toutes les instances de la CEDEAO ; pendant la suspension, l'État sanctionné continue d'être au paiement des cotisations de la période de suspension ; (**ix**) l'interdiction de voyager pour les dirigeants, les membres de leurs familles et leurs partisans, nonobstant les dispositions communautaires sur la libre circulation des personnes ; (**x**) le gel des avoirs financiers ; (**xi**) le rappel par les autres États membres, de leurs ambassadeurs auprès de l'État en rupture de démocratie ; (**xii**) l'interdiction de briguer la Magistrature suprême ; (**xiv**) la condamnation et la non-reconnaissance des Gouvernements issus de changements anticonstitutionnels ; (**xv**) l'imposition de la paix ou la restauration de l'ordre constitutionnel par l'utilisation de la force légitime.

suprême de la CEDEAO a créé à sa guise des nouvelles catégories de sanctions qui ne sont nullement prévues par les textes de la communauté. Ces catégories de sanctions sont entre l'autre **la fermeture des frontières terrestres et aériennes entre les États membres de la CEDEAO** et la **République du Mali** ; la **suspension des transactions commerciales entre les États membres de la CEDEAO et la République du Mali**. Cette décision de la Conférence des Chefs d'État et de gouvernement est contraire à l'esprit du traité et à l'acte additionnel susvisé.

198. En effet, la fermeture des frontières terrestres et aériennes et la suspension des transactions commerciales à l'intérieur de la communauté sont des nouvelles catégories de sanctions que l'organe suprême a créées dans l'urgence sans aucun fondement juridique. Si l'on s'en tient aux dispositions de l'article 22 de l'acte additionnel du 13 février 2012 et l'article 90 du traité révisé de la CEDEAO, on va se rendre à l'évidence que ces deux catégories de sanctions créées par la Conférence des chefs d'État relèvent du droit des amendements.

199. En effet, l'article 22, paragraphe 3 de l'acte additionnel dispose que « *les amendements ou révisions sont adoptés par la Conférence et entrent en vigueur dès leur publication au Journal officiel de la Communauté* ». De même que l'article 90 du traité énonce quant à lui que « *les amendements ou révisions sont adoptés par la Conférence conformément aux dispositions de l'article 9 du présent Traité et soumis à tous les États membres pour ratifications selon les procédures constitutionnelles respectives. Ils entreront en vigueur conformément aux dispositions de l'article 89 du présent traité* ». Il ressort clairement de la lecture combinée de ces deux dispositions qu'aucun amendement ne peut être fait sans l'acceptation et l'observation de la procédure de ratification conformément au droit constitutionnel des États membres.

200. En définitive, il est important de rappeler que la CEDEAO a été créée pour renforcer la coopération et intégration entre les États membres en vue de relever ensemble le défi du développement économique des États, et d'accroître ensemble la stabilité politique et institutionnelle de la sous-région. Il est donc regrettable de voir se développer certaines pratiques contraires à la philosophie qui sous-tend l'organisation.

DEUXIÈME PARTIE

LA PORTÉE DE LA CITOYENNETÉ DANS LE MARCHE COMMUN

201. Une fois la décision prise, en pleine connaissance de sa portée sur le plan technique et politique, une bonne gouvernance suppose qu'elle a vocation à être appliquée. Au mépris de plusieurs dogmes, le droit de l'intégration repose sur des principes tels que la primauté du droit communauté sur les droits nationaux, l'applicabilité immédiate des normes [174] de sources communautaires et la possibilité pour les ressortissants des États membres d'invoquer ce droit en justice, soit-elle nationale ou communautaire. Il faut donc se poser la question de savoir quelle est la portée du code de la citoyenneté et les protocoles additionnels ?

202. Lorsqu'on essaye la réalité de l'équation dans le marché commun, il faut d'abord reconnaître qu'au sein de chaque État en particulier dans l'espace CEDEAO, des conceptions achevées d'intégration économique et de la gouvernance démocratique ne sont pas toujours acquises. Les États membres hésitent entre un engagement plus profond et la liberté illusoire qui découle de la flexibilité, véritable standard de la diplomatie de ces pays au long de leur histoire récente. Ces hésitations sont liées aux disputes

---

[174] Sauf les directives communautaires, qui ont forcément besoin d'être transposées dans l'ordre juridique interne.

internes qui sont en cours dans chaque État. Cependant, la fracture est transnationale, on trouvera, et cela au sein même des gouvernements, des positions qui vont du total mépris de la citoyenneté communautaire ou de la simple ignorance de son existence. La plupart des acteurs politiques supposent le caractère inévitable de l'intégration et la considèrent comme un mal nécessaire, sans se rendre compte de son immense potentiel sur tous les plans, en particulier ceux du développement et de la démocratie. Dans cette partie, nous aborderons en (**Chapitre I**), la problématique de l'implication réelle des acteurs politiques, et la construction de la citoyenneté communautaire à parfaire (**Chapitre II**).

CHAPITRE I

LA PROBLÉMATIQUE DE L'IMPLICATION RÉELLE DES ACTEURS POLITIQUES

203. Plusieurs difficultés entravent la dynamique de la libre circulation et la citoyenneté. Elles prennent une acuité plus forte dans un contexte marqué par les conséquences de la crise sanitaire (COIVID-19), de la crise politique et de l'insécurité dans l'espace CEDEAO.

Il sera donc question dans une première (**Section I**) une limite juridique dans la protection des droits attachés au statut du citoyen communautaire, et dans la (**Section II**), la réception de la citoyenneté communautaire par les autorités publiques nationales.

Section I

Une protection juridique limitée

204. Les difficultés juridiques qui se posent à la constitution d'un espace de libre circulation des personnes dans la Communauté économique des États de l'Afrique de l'Ouest peuvent s'expliquer d'une part par l'imprécision de certains champs de compétences, ou la non-définition des expressions par l'emploi très large des réserves, laissant aux États un large pouvoir discrétionnaire. D'autre part, elles peuvent être aussi expliquées par les pesanteurs politiques et institutionnelles, mais ces difficultés sont aussi d'ordre structurel. Cependant, nous allons d'abord évoquer les limites qualitatives (**Paragraphe I**), avant de voir celles quantitatives (**Paragraphe II**).

Paragraphe I : Les limites qualitatives

205. Les droits attachés au statut de citoyen communautaire sont accordés sous réserve des limitations justifiées par des motifs d'ordre public, de sécurité publique, de santé publique ou pour d'autres raisons d'intérêt général. Or, les notions « *d'ordre public* », de « *sécurité publique* », de « *santé publique* », « *d'intérêt général* », sont des notions fourre-tout et extensibles à volonté dans lesquelles les États membres peuvent ranger ce qu'ils veulent pour limiter la libre jouissance des principes ainsi consacrés. C'est pourquoi il nous semble évident de passer en revue d'abord les limites d'ordre normatif (**A**), avant d'évoquer les limites d'ordre institutionnel (**B**).

A. Les limites d'ordre normatif

206. La réglementation ne cesse de poser quelques interrogations et parfois des inquiétudes au sujet des différents protocoles et du code de la citoyenneté de 1982. Elle repose sur deux présupposés qui sont loin d'être des évidences : la clarté du concept de « *résidence effective et continue* » et une certaine harmonie des législations nationales relatives à la nationalité.

207. Le protocole de 1982 s'est risqué à une définition de cette expression : « *par résidence effective et continue, l'on doit entendre l'établissement ininterrompu à demeure, sur le territoire dudit État membre, sans esprit de fixation ultérieure dans un État non membre de la communauté* ». Le critère ainsi posé peut laisser perplexe, tant les deux notions qu'il recèle pourraient être sujettes à caution. Que signifie, tout d'abord, l'expression « *établissement ininterrompu à demeure* » ? À partir de quel degré de mobilité peut-on considérer qu'il a cessé ? Est-il requis des postulants à la citoyenneté communautaire une sédentarité interdisant des pérégrinations à des fins professionnelles par exemple ? On n'ose, à priori, le croire. L'article 2 du protocole, relatif à la perte de la citoyenneté, pose le même problème à propos de « *l'établissement permanent* » dans un État non membre. Ce fait implique la perte de la citoyenneté, mais que recouvre-t-il précisément ?

208. D'autre part, l'évocation de l'esprit de fixation ultérieure dans un État non membre, dans la définition adoptée par le protocole peut susciter quelques difficultés. Il s'agit là d'une notion forcément problématique car elle implique une introspection de la psychologie de l'intéressé, donc, un peu de supputation. Comment, concrètement, établira-t-on qu'une personne avait l'intention de se fixer à tel endroit ? Si une telle volonté doit être appréciée, elle le sera sans doute en vertu d'une conjonction d'indices, c'est-à-dire d'une démarche un peu aléatoire.

209. Au total, la tentative de définition de cette notion centrale du protocole qu'est la résidence effective et continue risque de susciter davantage de problèmes qu'elle n'en résout. Le code de la citoyenneté aurait pu s'en tenir à la seule exigence d'effectivité, question de pur fait ainsi laissé à l'appréciation de l'autorité administrative ou judiciaire. Cela étant, l'évocation même de cette exigence est compréhensible. On aura observé qu'elle concerne toujours des cas de pluri-nationalité, partielle ou réelle. Or, en de telles hypothèses, il peut s'avérer nécessaire de mesurer l'effectivité et la sincérité des liens de nationalité concurrents, de leur faire subir un test d'où sortira le plus fiable. En effet, il semble bien, en droit international, que si l'idée d'effectivité du lien de nationalité a droit de cité, c'est surtout dans l'hypothèse d'une pluralité. Elle servirait à évincer les liens d'allégeance artificiels.

210. Le code de la citoyenneté communautaire soulève d'autres difficultés, qui tiennent cette fois au fait qu'il semble présumer une convergence des législations et des systèmes judiciaires des États membres. Cela résulte très clairement de certaines dispositions relatives à la déchéance de la citoyenneté. Selon l'article 2 par.2 du protocole, une des raisons pour lesquelles une personne naturalisée, citoyenne encourt la déchéance peut être la condamnation sur le territoire de la communauté. Il en est de même lorsqu'un tel crime est perpétré à l'encontre d'un citoyen de la communauté. Cette disposition suppose une certaine homogénéité, sinon des systèmes pénaux des États membres, du moins des incriminations.

211. Or, il n'est pas sûr qu'une telle similitude existe. En 1982, au moment où le protocole est rédigé, la CEDEAO était loin de constituer un espace unifié. Non seulement les États membres relèvent de traditions juridiques différentes, mais il n'est pas démontré que les incriminations pénales, d'un pays à l'autre, se ressemblent. La chose montre bien la nécessité de développer la coopération judiciaire entre États membres. Cette coopération n'a pris forme que récemment, avec notamment une convention de 1994 relative à l'extradition.

212. Au-delà de l'harmonisation des systèmes judiciaires, c'est l'effectivité et la crédibilité mêmes de la citoyenneté communautaire que le retard dans l'application du protocole affecte. Au début de l'année 2001, soit près de vingt ans après l'adoption du code de la citoyenneté communautaire, l'organe judiciaire de la CEDEAO n'était pas encore mis en place. Or, selon les dispositions transitoires, tant que cette instance n'est pas établie, les « *questions relatives aux demandes, à la perte, à la déchéance, au retrait de la citoyenneté dans la communauté ainsi que la réintégration dans cette citoyenneté* » seront déférées au conseil des ministres, « *à charge d'appel devant la conférence*[175] ».

---

175 L'article 4 du code de citoyenneté de 1982 précité.

213. On admettra cependant, qu'un organe juridictionnel convient assurément mieux qu'un organe politique pour trancher ces questions relatives à la citoyenneté. Il s'agit, de dire le droit et telle n'est pas la vocation du conseil des ministres, encore moins celle de la conférence des chefs d'État et de gouvernement. En engageant des organes de coopération et de direction dans des questions aussi casuistiques que la détermination d'une nationalité, on risque d'altérer leur office ou de banaliser leur fonction. À la limite, le règlement de litiges relatifs à la citoyenneté conviendrait davantage à l'une des commissions techniques spécialisées évoquées dans l'article 22 du traité. Ce qu'il importe de retenir, c'est que le retard ou l'absence de suivi dans l'application du protocole est à l'origine de nombre d'anomalies. Les dispositions transitoires durent depuis vingt ans. L'harmonisation ou le rapprochement des systèmes pénaux, postulés par certaines du protocole, n'a pas vraiment eu lieu.

B. Les limites d'ordre institutionnel

214. La levée des entraves à la libre circulation des personnes, le droit de résidence et d'établissement est dû essentiellement au cadre juridique établi par la CEDEAO à cet effet. Il s'agit du protocole et de ses additionnels qui ont été adoptés et ratifiés par chacun des États membres. Cependant, il n'est pas prouvé qu'en tant qu'engagement international ratifié par les États, les instruments ont été transposés dans l'ordonnancement juridique national.

215. Aussi du fait que chaque État membre dispose de son propre législatif national en matière d'immigration et d'émigration, il est évident que le personnel de contrôle de la migration n'applique que cette législation, qu'il connait et à laquelle il obéit. Toutefois, les législations nationales des États membres en matière d'émigration restent en l'état applicable par le personnel aux contrôles. C'est pourquoi on relève qu'aussi bien les protocoles que les législations nationales sont méconnus des populations bénéficiaires et assujettis. Ce qui pose les problèmes liés aux différents cas de violation des droits et devoirs qu'ils édictent. Cette situation doit être revue et la CEDEAO doit s'intéresser au statut du cadre normatif tant national que communautaire et de leur application aux idéaux de l'intégration.

216. Au plan institutionnel, la migration au niveau des États de la CEDEAO est du domaine des services de contrôle aux frontières (police, douane, gendarmerie, et de leur hiérarchie). De même, on relève que la migration est gérée de manière similaire au niveau des États membres de la CEDEAO, c'est-à-dire par des services de contrôle qui visent les personnes et leurs biens. Cependant, ces services fonctionnent de manière solitaire à partir des instructions reçues de leur hiérarchie respective et sous possibilité de créer une synergie d'action dans cette gestion pourtant connue concernant les citoyens de la communauté.

217. Il en est de même au niveau supérieur de ses services de gestion où on observe une absence totale de structure de coordination qui est pourtant indispensable aussi varié et pluridisciplinaire. À cela, il faut apporter des corrections nécessaires pour mieux rendre efficace le dispositif. Enfin, dans ce domaine si important de la protection des droits humains on relève une présence purement informelle de la société civile et des ONG malgré la volonté des autorités de la CEDEAO de les associer lorsqu'elles ont révisé le traité dans ce sens. Il demeure constant que ces groupements composés de femmes de bonne volonté seraient d'un apport appréciable auprès des services étatiques de gestion de la migration, s'ils étaient associés de façon vraiment formelle et organique.

218. Les postes de santé chargés du contrôle des carnets internationaux de vaccination n'existent qu'aux aéroports et parfois aux postes maritimes et de manière discriminatoire aux frontières terrestres. Ils constituent une entrave à la libre circulation du fait que l'absence de ce document donne parfois lieu au paiement d'une somme dont le montant se négocie entre l'agent et le migrant. Cela est à savoir également pour l'amélioration de la situation du migrant. Le contrôle de la migration aux frontières est aussi un cadre ou la migration fait l'objet de graves violations des droits fondamentaux, de concussion de fonctionnaires, corruption, de violences physiques ou sexuelles. Cela est une question très sensible, car lorsqu'on demande aux migrants s'ils ont été victimes de telles violations, la réponse est toujours négative, car il craint pour la suite s'il dénonce de tels faits.

219. Il est constant qu'au niveau des postes de contrôle frontalier, les agents perçoivent des sommes d'argent qui ne sont pas prévues par aucune réglementation. C'est le cas de transporteur à l'arrivée au poste de contrôle qui ramasse les pièces d'identité de ses agents. Il rencontre ceux-ci (agents) discrètement, et après avoir compté le nombre de pièces correspondant à la somme présentée donne l'ordre de lever la barrière pour laisser le véhicule passé. Cela constitue une atteinte grave aux objectifs de l'intégration et donne le sentiment de désordre et de discrimination.

C'est aussi le cas lorsqu'on contrôle les documents de voyage d'un passager, et que l'agent constate l'absence de pièce chez lui. Ce dernier est conduit au poste et soumis au paiement d'une amende sous peine d'être enfermé et refoulé dans son pays d'origine ou de départ.

220. Le versement de la somme est libératoire bien que l'agent se soit rendu coupable de corruption. À propos de violences physiques il est constant que le migrant est soumis au paiement d'une amende pour défaut de documents de voyage et qui se trouve dans l'impossibilité de s'acquitter, est soumis à des séances de mouvais traitement avant de se voir refouler. Pour les violences sexuelles, il s'agit plutôt de harcèlement qui vise les sujets féminins se présentant aux frontières. Elles sont soumises au paiement de sommes d'un montant qui dépasse leur possibilité.

221. Dans ce cas, certains agents n'hésitent pas de demander la compensation en nature charnelle. Dans certains cas, pour tenir le sujet féminin à disposition, les agents retardent les opérations de contrôle jusqu'à l'heure de fermeture pour obliger le transporteur à passer la nuit, afin de s'offrir les services forcés de la victime féminine ciblée un peu plus tôt. Ces activités de violations de droits fondamentaux des migrants sont fréquentes et ne font l'objet d'aucune dénonciation de leur part, ni de sanction de la part des hiérarchies. Cette autre situation mérite une attention soutenue de la part de tous les auteurs chargés de la gestion de la migration. A défaut, c'est toute la stratégie mise en place pour assurer aux citoyens de la communauté, la libre circulation sera en question. Ces trois libertés de circulation, de résidence et d'établissement qui est vouée à un échec regrettable pour tout le monde.

Paragraphe II : Les limites quantitatives

Précisément dans ce paragraphe, il sera question d'une part de la faible appropriation nationale de la citoyenneté ouest-africaine (**A**), et d'autre part les contrariétés notaires des textes communautaires en matière de citoyenneté ouest-africaine (**B**).

A. La faible appropriation nationale de la citoyenneté ouest-africaine

222. Dans la perspective de faciliter la mise en œuvre des différents instruments juridiques de la CEDEAO en matière de la libre circulation des personnes, la conférence des chefs d'État et de gouvernement a approuvé lors de la 46e session ordinaire tenue à Accra le 10 juillet 2014, l'instauration de la carte d'identité biométrique pour les citoyens de la CEDEAO. L'Afrique de l'Ouest est l'une des régions les plus mobiles d'Afrique.

223. La migration intra-régionale représente une grande partie de ses mouvements transfrontaliers et est largement reconnue comme un élément clé de la croissance économique et de la stabilité de la région. La nécessité de faciliter la circulation des voyageurs de bonne foi, de limiter le passage illégal aux frontières et de s'attaquer aux problèmes qui en découlent en matière de sécurité, revêt donc une importance accrue pour la Commission de la CEDEAO et ses États membres. La 48e session, en décembre 2015 à Abuja, avait décidé de lancer cette carte début janvier 2016. Elle servira de titre de voyage dans l'espace de la CEDEAO et remplacera le certificat de voyage dans les États membres et la carte de séjour pour les ressortissants des États qui veulent séjourner plus de 3 mois dans un État autre que le leur dans l'espace communautaire.

224. De la lecture générale du traité et des protocoles y afférents, permet de mieux comprendre les motivations des décideurs politiques de la communauté. En effet, ils admettent avec certitude que la libre circulation est un facteur de développement économique et social. Mais aussi, la liberté de circulation apparait, à leurs yeux, comme la base fondamentale de l'édification de la CEDEAO. Fort de toutes ces raisons, la carte biométrique devrait pouvoir répondre à l'impérieuse nécessité d'établir une coopération étroite et efficace entre les États membres. Cette coopération qui doit s'opérer au niveau des administrations, visant à assurer une assistance mutuelle entre elles, en matière de libre circulation des personnes, des biens, des services et des capitaux.

225. Ainsi, l'article 2 alinéa 4 du protocole de 1979 fait obligation aux États membres, d'adopter un cadre d'échanges d'informations, de renseignements et d'expériences, en vue d'une harmonisation des techniques et modalités, en matière de facilitation de la libre circulation des personnes, des biens et des services. L'article 3 engage l'État membre, à prendre les mesures nécessaires, dans les situations de migration irrégulière ou clandestine, en vue de la protection des droits fondamentaux des personnes concernées, en tant que citoyens de la communauté.

226. Cependant, certains États membres ont institué avec plus ou moins de succès la carte d'identité biométrique[176] de la CEDEAO. L'objectif étant à l'horizon de ne plus distinguer les peuples de la communauté. Un moyen pour y parvenir est le principe de la libre circulation et de la liberté d'établissement dans l'espace CEDEAO pour tous les ressortissants des États membres. La nouvelle carte d'identité biométrique doit faciliter ces libertés et remplacer les cartes de séjour.

227. L'objet visé, à travers l'introduction de cette carte d'identité biométrique commune à l'ensemble des États membres de la CEDEAO est de faciliter la mobilité intra-régionale au moyen d'un titre sécurisé permettant de lutter contre les trafics et migrations et de répondre en même temps aux enjeux actuels de lutte contre la menace terroriste[177].

228. Cependant, la carte d'identité biométrique constitue un élément majeur de la constitution d'une communauté de plus 300 millions d'habitants sur un territoire de plus de 6 millions de km2 avec ses ressources et ses potentialités. Circuler librement dans ce territoire permettra à chacun de se mettre à sa place pour réussir sa vie. Il faut rappeler qu'il

---

[176] L'Assemblée nationale du Sénégal a adopté en mars 2016 le projet de loi instituant la carte d'identité. L'Assemblée nationale du Burkina Faso a adopté la loi instituant la CNI de la CEDEAO le 10 avril 2017. Le conseil des ministres du Mali a adopté le 20 avril 2017 un projet de décret instituant la carte d'identité sécurisé CEDEAO couplée à l'assurance maladie. La Guinée-Bissau a commencé à délivrer la carte le 20 mars 2018. La Côte d'Ivoire avait annoncé son lancement pour octobre 2019.

[177] Expose des motifs de la loi n°2016/09 du 14 mars 2016 portant projet de loi instituant une carte d'identité biométrique CEDEAO au Sénégal.

existe sept (7) monnaies aujourd'hui en circulation au sein de la CEDEAO et qu'il faut absolument évoluer vers l'instauration d'une monnaie unique[178].

229. En réalité, la plupart des citoyens qui circulent dans l'espace CEDEAO ne possèdent pas ces documents prescrits par les accords, parce que les procédures d'obtention sont parfois très complexes. Ainsi, les populations de la sous-région passent les frontières avec leurs cartes nationales d'identité ou même la plupart des cas sans document du tout, moyennant des paiements forfaitaires non prévus par la loi. Comparativement aux ressortissants des États de l'UEMOA qui sont tous membres de la CEDEAO ont le droit de voyager munis de leur seule carte nationale d'identité dans l'espace UEMOA, à l'exclusion des pays anglophones de la CEDEAO. La situation sociopolitique de la plupart des États de la sous-région, marquée par une certaine fragilité de la structure étatique, a incité le législateur communautaire, à envisager la possibilité de voir suspendre par l'État, les effets des protocoles sur la libre circulation[179].

230. En effet, cette fragilité peut être de nature, dans certains cas, à constituer une menace pour l'ordre public et la stabilité nationale, au point de contraindre l'État, à prendre des mesures défavorables pour la libre circulation sur tout le territoire national. Cependant, les considérations d'ordre sécuritaires risquent à terme de changer cette situation de laxisme qui arrange surtout les personnes qui ne disposent pas des documents requis pour passer les frontières, alors que l'Afrique de l'Ouest est un espace de

---

[178] Rapport fait au nom de l'intercommission constituée par la commission des lois, de la décentralisation, du travail et des droits humains et la commission des affaires étrangères, de l'union africaine et des sénégalais de l'extérieur sur le projet de lois n°05/2016 instituant une carte d'identité biométrique.

[179] M. BAMBA, « *La liberté de circulation et le développement en Afrique de l'ouest et du centre : cas des espaces CEDEAO et CEEAC-CEMAC* », *op. cit.*, p. 122.

migrations et de mouvements commerciaux d'où beaucoup de personnes tirent les moyens de subsistance.

B. Les contrariétés des textes communautaires en matière de citoyenneté ouest-africaine

231. Il faut rappeler qu'en plus de la CEDEAO, on remarque la présence de l'UEMOA qui a sa sphère de compétences dans le domaine de la libre circulation des personnes[180], en l'occurrence la citoyenneté.

232. En effet, la période des années 1990 a été marquée la multiplication des institutions voire d'ordres juridiques nouveaux et juxtaposés. Dans le cadre des organisations d'intégration juridique spécialisées, le système juridique de protection de la propriété intellectuelle et des œuvres artistiques mis en place par l'OAPI et celui qui se développe au sein de la CIMA, et de l'OHADA constitue sans doute les systèmes potentiels les plus conflictuels[181].

---

[180] Voir l'article 4 paragraphe (c), du traité de Dakar, « *les États membres s'engagent, en effet, à créer... un marché commun basé sur la libre circulation des personnes, des biens, des services des capitaux, et le droit d'établissement des personnes exerçant une activité indépendante ou salariée, ainsi que sur un tarif extérieur commun et une politique commerciale commune* ». De même que les dispositions de l'article 91 et 92 qui indiquent que « *les ressortissants d'un État membre bénéficient sur l'ensemble du territoire de l'Union de la liberté de circulation et de résidence qui implique... l'abolition entre les ressortissants des États membres de toute discrimination fondée sur la nationalité en ce qui concerne la recherche et l'exercice d'un emploi ; à l'exception des emplois dans la fonction publique... ; le droit de se déplacer et de séjourner sur le territoire de l'ensemble des États membres... ; le droit de continuer à résider dans un État membre après y avoir exercé un emploi* ». L'article 92, 1), poursuit : « *les ressortissants d'un État membre bénéficient du droit d'établissement à l'intérieur de l'Union* » et l'article 93 affirme que « *les ressortissants de chaque État membre peuvent fournir des prestations de service dans un autre État membre dans les mêmes conditions que celles que cet État impose à ses propres ressortissants* ».

[181] Voir M. DIAWARA, « *L'intégration juridique et le développement économique : contribution à l'analyse économique du droit OHADA* », Thèse de doctorat, Université Cheikh Anta Diop, 2021, p. 332.

233. Cependant, l'histoire coloniale explique pour une large part cette multiplication institutionnelle. Cet état de fait entraîne une difficulté particulière en raison de la diversité de règles juridiques secrétées par la CEDEAO et UEMOA. Il en découle non seulement une concurrence des droits communautaires, mais aussi, dans certains cas, une contradiction entre les normes en matière de citoyenneté.

234. Cependant, la libre circulation des personnes, les conditions de jouissance de cette liberté et du droit d'établissement par les personnes physiques ne sont pas exactement les mêmes dans les deux organisations. Aux termes de l'article 1 du protocole de 1982 portant code de la citoyenneté, c'est seulement les citoyens de la communauté qui bénéficient les droits d'entrée, de résidence et d'établissement. La citoyenneté de la CEDEAO bannit la double nationalité, lorsqu'elle met en cause la nationalité d'un État tiers.

235. En fait, la citoyenneté de la CEDEAO exclut la double nationalité. En revanche, elle est acceptée lorsqu'elle concerne les nationalités des États membres de la CEDEAO. À titre d'illustration, un Sénégalo-Malien est citoyen de la CEDEAO tandis qu'un Malien-Suisse ne l'est pas. Si ce Suisse veut jouir du statut de citoyen de la communauté, il doit au préalable renoncer à sa nationalité Suisse, car la Suisse étant un État tiers. Cette conception restrictive de la notion de citoyen communautaire retenue par le protocole de 1982 ne tient nullement en compte de la réalité de la mondialisation dans sa dimension sociale et culturelle. Dans un monde où la mobilité des hommes est de plus en plus accentuée, les mariages internationaux de plus en plus fréquents. Cette limitation apparait regrettable.

236. Comparativement au droit UEMOA, la seule condition retenue est d'être ressortissant de l'Union. Ce qui laisse à penser qu'un pays de l'UEMOA peut se voir refuser le libre accès au territoire d'un État de la CEDEAO non membre l'UEMOA, parce que tout simplement il a en plus la nationalité d'un État non membre de la CEDEAO. Ce qu'il faut retenir, ce qu'au regard de quelques exemples ci-dessus mentionnés, il est fort probable que le conflit de normes devient une réalité et les solutions qui s'offrent produisent des effets souvent diamétralement opposés et donc une portée pratique certaine.

Section II

La réception de la citoyenneté communautaire par les autorités publiques nationales

237. C'est à ces tendances contradictoires qu'il convient de souligner ainsi, à ce flottement entre la réalité pratique et les textes. Plus précisément, il s'agit pour nous de s'intéresser à quelques manifestations de cette tendance qui est au cœur des préoccupations citoyennes. La démarche entreprise sera donc de soulever successivement la confrontation des textes à la réalité pratique (**Paragraphe I**), avant de dégager les possibilités de trouver ou de chercher un contenu au projet (**Paragraphe II**).

Paragraphe I : L'état des lieux de la libre circulation des citoyens : un champ de confrontation dans un double discours de frontière et de solidarité

238. La question de la suppression des postes de contrôle aux frontières des États membres est aujourd'hui une réalité bien connue des citoyens de la communauté et au cœur du débat sur le processus de l'intégration économique africaine. Si le processus supranational remet d'une manière en question la conception moderne de l'État fondée sur le principe d'une souveraineté absolue et indivisible s'exerçant sur une population donnée, établie sur un territoire donné, il reproduit ou mine également la figure classique de l'État dont il tend à rependre, au moins symboliquement les caractéristiques les plus traditionnelles.

239. La construction supranationale d'un espace dans lequel le citoyen d'un État membre se projetterait dans une échelle supérieure, échelle sous régionale, et se concevait comme citoyen communautaire sans pour autant nécessairement renoncer à son identité première. Cette construction donc, se trouve tout à la fois politiquement promue et contredit dans les faits par la pratique des États membres. Il sera nécessairement important de démontrer dans cette rubrique la libre circulation comme un droit malmené par les États membres (**A**), et de l'égalité de traitement entre citoyens comme un droit aux discours politiques (**B**).

A. La liberté de circulation : un droit malmené dans les États membres

240. La question de la mobilité, des déplacements, de la circulation des personnes est donc importante en ce qu'elle précède toute préoccupation pour la frontière et son contrôle[182]. La libre circulation est en effet, déjà présente sous une forme certes embryonnaire dans le traité révisé de la CEDEAO. L'article 3 dans son paragraphe 2 (iii), précise que la communauté vise la création d'un marché commun à travers la suppression entre les États membres des obstacles à la libre circulation des personnes, des biens, des services et des capitaux ainsi qu'aux droits de résidence et d'établissement. Ce marché commun prendra dans un premier temps la forme d'une union douanière dans laquelle un tarif douanier extérieur unique constituera la forme d'une frontière externe commune aux différents États.

241. En dépit des efforts consentis et des actions entreprises, la libre circulation des personnes et des biens peine à être une réalité tant les barrières auxquelles elle se heurte sont nombreuses. Pour preuve les entraves et autres pratiques anormales constatées à l'intérieur des pays

---

[182] D. DUEZ, « Libre circulation, contrôles aux frontières et citoyenneté », in Revue belge de Géographie, 2/2015, p. 3.

comme au niveau des frontières suffisent pour comprendre ineffectivité de la libre circulation des personnes. Une situation rendue plus difficile avec les défis sécuritaires et sanitaires que la sous-région connaît. Cependant, il reste beaucoup à faire pour que le pilier de l'intégration qu'est la libre circulation soit effectif dans tous les États membres, condition d'une construction du marché commun africain.

242. En effet, l'impact de la double crise sécuritaire et sanitaire sur la mise en œuvre du protocole sur la libre circulation des personnes et des biens dans l'espace CEDEAO et particulièrement sur le schéma de libéralisation des échanges est particulièrement préoccupant. Des situations qui contraignent les États membres de l'organisation communautaire à durcir les conditions de mouvement des citoyens.

243. La libre circulation des personnes et des biens est une condition pour l'amélioration du commerce intra-communautaire et des échanges qui restent en deçà des attentes, au regard des potentialités des pays de la CEDEAO.

B. L'égalité de traitement entre citoyens : des droits aux discours politiques

244. Le phénomène qui ébranle la citoyenneté est le sentiment que l'égalité de tous les citoyens devant la loi ne se traduit pas dans les faits. Les espoirs fondés au moment de la signature du traité se sont évanouis au fur et à mesure qu'est apparue l'incapacité des politiques communautaires à effacer nombre d'inégalité de situations : entre générations, entre hommes et femmes, entre catégories socioprofessionnelles, entre habitants des différents territoires de la République. Tous ces phénomènes sont autant d'obstacles au sentiment de partager un même destin et d'appartenir à une même communauté.

245. En effet, le principe d'égalité voudrait qu'on traite de manière égale les situations similaires ou équivalentes et, par voie de conséquent, prohibe toutes distinctions arbitraires[183]. Il s'agit d'un principe à valeur constitutionnelle[184] résultant des instruments internationaux[185]. Le Mali a connu, en effet, au cours de plusieurs décennies de souveraineté plusieurs constitutions dont celles de 1960, 1974, 1992 desquelles s'est dégagée une constante, à savoir le principe « *de l'égalité de tous devant la loi sans distinction d'origine, de race, de sexe ou de religion*[186] ».

246. L'article 2 de la Constitution de 1992 s'inscrit dans cette perspective : « *Tous les Maliens naissent et demeurent libres et égaux en droits et en devoirs. Toute discrimination fondée sur l'origine sociale, la couleur, la langue, la race, le sexe, la religion et l'opinion politique est prohibée* ». Ainsi, la non-discrimination peut se définir comme la prohibition des distinctions fondées sur un critère interdit L'égalité de traitement présente une portée plus large car elle dépasse l'emploi direct d'un critère interdit, pour condamner les différences fondées sur d'autres critères mais qui aboutissent au même résultat, c'est-à-dire les discriminations indirectes.

---

[183] F. COULIBALY, « *Dialogue social au Mali. Réalités et enjeux* », L'Harmattan, Paris, 2019, p. 74.

[184] L'article 2 de la constitution malienne affirme ce principe : « *Tous les Maliens naissent et demeurent libres et égaux en droits et en droits. Toute discrimination fondée sur l'origine sociale, le couloir, la langue, la race, le sexe, la religion et l'opinion politique est prohibée* ».

[185] Voir l'article 6 de la Déclaration des droits de l'homme et du citoyen de 1789 dispose que « *tous les êtres humains naissent libres et égaux devant la loi* ». L'article 7 de la Déclaration universelle des Droits de l'Homme de 1948 dispose que « *Tous sont égaux devant la loi et ont droit sans distinction, à une égale protection de la loi ».* L'article 3 de la Charte africaine des Droits de l'Homme et des Peuples dispose que « *Toutes les personnes bénéficient d'une totale égalité devant la loi* ».

[186] D. TOUNKARA, « Réalités du dialogue social et responsabilité du droit au Mali », in actes de colloque, « Dialogue social », Cotonou, p. 6.

247. En revanche, elle autorise parfois de prendre en compte des disparités de situation telle la sous-représentation d'une catégorie donnée, pour appliquer à celle-ci une différence de traitement, dans le but de rétablir une égalité concrète. C'est ce que la doctrine appelle la discrimination positive[187]. La libre circulation des personnes à laquelle seront consacrées nos analyses implique le droit pour les travailleurs de se déplacer librement à l'intérieur de la communauté pour exercer une activité salariée, sous réserve des limitations justifiées par des raisons d'ordre public, de sécurité publique et de santé publique.

248. L'État, en tant seul détenteur du pouvoir souverain sur le territoire national, il est la seule entité politique et administrative, disposant du droit de légaliser toute présence sur son territoire. Cependant, l'article 6 du protocole de 1979[188], n'est pas assez clair sur la nature du document de voyage, il est donc préférable d'interroger l'article 1 pour s'en convaincre.

249. Toutefois, il donne une orientation en ce qui concerne les documents de voyage valables dans l'espace. Selon cet article, le document de voyage est d'abord, un document en cours de validité, qui peut être un passeport ou tout autre document établissant l'identité de son titulaire, avec sa photographie, et délivré par ou au nom de l'État dont son titulaire est citoyen.

250. Dans le but de protéger les agents dans l'accomplissement des missions qui leur sont assignées, à travers leurs

---

[187] S. ROBIN-OLIVIER, *« Le principe d'égalité en droit communautaire »*, Thèse de doctorat, université d'Aix-Marseille, 1999, p. 19.

[188] L'article 6 du protocole de la CEDEAO de 1979 relatif à la libre circulation des personnes, le droit de résidence et d'établissement, qui dispose : « *Chaque État membre déposera auprès du secrétariat exécutif les spécimens de ces documents de voyage, définis à l'article premier du présent Protocole, en vue de leur communication aux autres États membres* ».

déplacements dans l'espace, le législateur de la CEDEAO, a finalement mis à leur disposition un laissez-passer comme document de voyage valable au sein de la communauté. Selon toujours l'article 1, les citoyens sont soumis à l'obligation de faire apposer les cachets de contrôle des services d'immigration et d'émigration, sur leurs documents de voyage. Plutôt que de concourir à faciliter l'objectif qui lui a été assigné par le législateur, ce principe fera régulièrement l'objet de détournement de pouvoir aux différentes frontières. À certains postes de frontières, il serait exigé la présentation de passeport assorti d'une somme variant entre 1 000 F CFA et 2 000 F CFA. Aux frontières des pays francophones, les sommes imposées par les agents des forces de l'ordre, varient selon que le citoyen en présence est originaire d'un pays anglophone, traversant les frontières des pays francophones, qui se sont vus imposés une somme variant entre 5 000 F CFA et 10 000 F CFA. Cette somme serait justifiée par les agents des forces de l'ordre, comme étant le coût du cachet apposé sur le passeport. De telles pratiques discriminatoires seraient de nature à freiner le processus de construction supranationale de la citoyenneté par la libre circulation des personnes. Exiger aux postes de frontières le paiement du cachet à apposer sur le document de voyage des ressortissants de certains États membres, serait une atteinte inacceptable à la libre circulation des personnes dans la communauté.

251. En effet, les textes octroient des droits au citoyen, les agents qui sont chargé d'appliquer ces textes en font une application discriminatoire et subjective. Ces tracasseries routières constituent un véritable fléau pour l'économie sous régionale.

Paragraphe II : La citoyenneté communautaire : un projet à la recherche de son contenu dans les États membres

252. C'est les organisations d'intégration, non moins timide, qui ont pourtant relancé le débat en amorçant, avec les protocoles et le code de la citoyenneté, le passage d'une communauté purement économique à une communauté plus politique, concrétisant pour certains le projet sous-jacent des pères de l'indépendance pour qui l'économique n'était qu'instrument, ou répondant, *in extremis* et d'une manière plus pragmatique ; aux carences institutionnelles de la construction communautaire.

253. Pour cela, il fallait redécouvrir le « *citoyen* » dont on parlait déjà longtemps, lui attribuer un rôle substantiel et non plus formel ou emblématique, capable de légitimer l'action future de la communauté. En effet, la CEDEAO des citoyens est née sans véritablement un contenu réel, mais sans doute avec la conscience que quelque chose manquait. La résorption du célèbre déficit démocratique passait aussi par une réflexion sur l'idée de légitimité politique, reconsidérant par là même la question de la participation des ressortissants des États membres au projet communautaire afin de pouvoir prendre des décisions, « *aussi près que possible du citoyen* ». Telle était véritablement l'idée de la citoyenneté. Ainsi, nous verrons successivement en (**A**) les réticences et restrictions pratiques et en (**B**), la remise en question de l'éthique dans la gestion des affaires publiques.

A. Les réticences nationales et les restrictions pratiques

254. Malgré les efforts faits au sein des États membres de la CEDEAO en termes de libre circulation, bon nombre d'obstacles restent à surmonter pour l'application effective des protocoles sur la libre circulation des personnes, le droit de résidence et d'établissement[189]. Il est vrai que ces instruments juridiques communautaires favorisent la mobilité inévitable et indispensable des personnes en Afrique de l'Ouest mais les dispositions sur la libre circulation, le droit de résidence et d'établissement restent peu connus peu ou pas du tout pris en compte dans les politiques et stratégies nationales des États membres.

Les contraintes sont entre autres la non-application du droit consacré, la fragilité économique, politique et sécuritaire, etc.

255. La réticence des États à renoncer à des prérogatives souveraines concernant le domaine ; le manque de moyens financiers et humains pour la mise en œuvre des politiques adoptées ; la non-transposition des protocoles dans la législation nationale concourent aux difficultés d'harmonisation en vue d'une politique commune effective et opérationnelle de la libre circulation des personnes et desdits droits, l'absence d'implication des organisations de la société civile dans la gestion des politiques migratoires. La non-compréhension par les acteurs étatiques des obligations qui incombent aux institutions qu'ils représentent. À cela s'ajoute enfin la faible coordination des acteurs aux niveaux communautaires, nationaux, et régionaux et le manque d'outils d'information et de sensibilisation destinés à ces différents acteurs[190].

256. Les agents de contrôle aux différents niveaux ignorent les enjeux de l'intégration régionale et travaillent le plus souvent dans des conditions très difficiles qui ne leur permettent pas d'assister les citoyens de la communauté

---

[189] Rapport de CACID ; les limites à la liberté de mouvement dans l'espace CEDEAO, les instruments communautaires allant dans ce sens restent peu ou non compris ou pris en compte dans les politiques et stratégies nationales.

[190] Manque d'harmonisation en vue d'une politique commune effective et opérationnelle de la libre circulation des personnes.

qui, eux non plus n'ont pas une bonne connaissance de leurs droits et devoirs en matière de libre circulation, de droits de résidence et d'établissement dans l'espace communautaire.

257. Les restrictions des droits au travail salarié sont identiques dans la CEDEAO et ainsi dans l'UEMOA. Il s'agit de l'exception fondée sur des motifs de sécurité, de santé, ou d'ordre public et de l'emploi dans la fonction publique. Savoir que les travailleurs migrants bénéficient de l'égalité de traitement avec les nationaux du pays de l'État membre d'accueil ; toutefois les travailleurs migrants dans les États membres peuvent être expulsés pour des raisons de sécurité nationale et les bonnes mœurs. Exception au droit d'établissement sont les mêmes que celles prévues pour les droits au travail salarié, pour des motifs de santé, de sécurité publique et des activités qui participent à l'exercice de la souveraineté nationale.

258. Une autre observation est relative à la généralité de certaines restrictions à la liberté de circulation. Deux exemples peuvent être donnés pour illustration. L'un est le large pouvoir d'appréciation parfois laissé à l'État membre, comme dans le protocole de 1990 reconnaissant à celui-ci la possibilité de porter atteinte aux principes énoncés pour « *toute autre raison* » que celles précédemment indiquées[191]. L'autre est le concept jamais défini, de « *migrant inadmissible* ». On le trouve dans le protocole de 1979 et dans la décision de 1990. Il ne semble pas que cette inadmissibilité puisse être dégagée à partir de critères objectifs ou communautaires puisque le texte de 1979 ne l'évoque qu'en référence aux lois et règlements en vigueur des États membres. Le renvoi à la législation nationale est tout aussi explicite dans le protocole de 1986 (article 14 1- d-, à propos des travailleurs migrants). Lorsque le traité s'évertue à définir

[191] L'article 4 paragraphe 2 et 4 du protocole relatif à la libre circulation de 1990.

ou à encadrer ces dérogations à la liberté de mouvement, le résultat n'est, du reste, pas toujours probant.

259. Telle est enfin la dernière remarque qu'inspire la lecture des dispositions restrictives. Les exceptions tournent autour des mêmes notions : « *ordre public* », « *sécurité publique* », « *santé publique* ». Ces sources de dérogations sont citées dans les protocoles de 1986 et 1990[192]. Il s'agit évidemment de concepts à contenu variable, contenu en pratique défini par l'État qui prend les mesures restrictives. Force est de toutefois d'admettre qu'il sera difficile d'aller trop loin dans le conditionnement du pouvoir des États.

B. La remise en cause de l'éthique dans la gouvernance des affaires publiques

> « *Il faut faire renaitre en chacun la conscience de la nécessaire conciliation de l'intérêt individuel avec l'intérêt général et le sentiment de l'obligation de renonciation au premier lorsqu'il contredit le second*[193] »

260. Il apparaît évident que l'une des principales causes de la défiance et/ou de défaillance civique est l'absence d'une éthique sociale exigeante et largement partagée chez les citoyens eux-mêmes. En d'autres termes, le sens de la responsabilité et du devoir de solidarité fait cruellement défaut dans les États membres de la CEDEAO où les individus sont de plus en plus atomisés. L'un de nos grands défis actuels à cet égard est l'élaboration d'un projet d'éthique des affaires qui soit assez convaincant pour persuader les gouvernants et gouvernés de l'intérêt de l'intégrer à la culture des affaires publiques[194]. On l'aura compris, pour nous, l'éthique des affaires est d'abord pratique : « *L'éthique n'est pas un système idéal, noble en*

---

[192] Voir l'article 91, 92, 93, 94.

[193] O. SONKO, « *Solution pour un Sénégal nouveau* », 2018, p. 13.

[194] C. SPERBER, « *Dictionnaire d'éthique et de philosophie morale* », Paris, PUF, 1996, pp. 18-23.

théorie, mais qui ne vaudrait rien en pratique. C'est l'inverse qui est vrai : un jugement éthique qui ne vaut rien en pratique doit certainement souffrir de quelque défaillance théorique, car tout l'intérêt d'un jugement éthique est justement de guider la pratique[195] ». Un authentique projet d'éthique des affaires devrait donc être en mesure de faire comprendre aux citoyens que le questionnement sur le sens des valeurs qui guident l'intégration africaine ne peut plus être différé.

261. Cependant, nous voudrions justement montrer que la conjoncture contemporaine, postmoderne[196], est favorable au développement de l'éthique des affaires, voire que le contexte politique actuel dans les États l'exige.

262. À cet égard, nous partageons sans doute le point de vue de Marcel GAUCHET, philosophe et rédacteur en chef de la revue française *Le Débat*, selon qui *« l'Empire des droits individuels qui ne cesse de s'étendre est en partie responsable de cette situation dans la mesure où il n'est pas contrebalancé par une valorisation de même importance des devoirs et responsabilités des citoyens*[197] *».* Et c'est ainsi que le « *chacun pour soi et au diable le bien commun* » est devenu le leitmotiv accepté et répandu largement dans les États africains. Du point de vue de l'idéal démocratique, qui suppose que le bien commun est supérieur à l'addition des intérêts individuels et que la solidarité est le ferment de la vie collective, cette situation a de quoi inquiéter.

263. Il n'est pas sain, en effet, qu'autant de gens se replient sur eux-mêmes de façon fataliste et abandonnent leur statut de citoyens pour se contenter d'être de simples clients-consommateurs-spectateurs. Ceux qui disent que la démocratie est incompatible avec l'égoïsme érigé en système ont raison.

---

[195] P. SINGLER, « *Quelques d'éthiques pratique* », Paris, Bayard, 1997, p. 14.

[196] Y. BOIVERT, « *Le postmodernisme* », Montréal, Boréal, 1995.

[197] M. GAUCHET, « *La démocratie contre elle-même* », Paris, Gallimard, 2002.

264. La liberté et l'égalité des individus ne peuvent répondre seules à l'ensemble des questions qui assaillent les États africains. Pour bien fonctionner et évoluer au profit de tous, ceux-ci ont besoin de façon vitale du soutien, de l'engagement et de la vigilance de leurs membres. On touche ici au cœur même de la *responsabilité citoyenne* qui implique que l'on ne peut pas être démocrate en refusant *de civiliser ou de corriger le monde*. En démocratie, on ne peut rester constamment, ni même souvent, sur son quant-à-soi et se laver les mains de la vie publique et de la réalité de l'autre.

265. Il apparait dès lors évident que « *la démocratie n'est pas seulement une manière d'être des institutions, elle est plus encore peut-être une exigence morale*[198] ». Ce qui signifie qu'être démocrate aujourd'hui serait donc finalement avoir toutes les vertus que doit avoir l'honnête homme du XXIe siècle[199]. C'est dire qu'il n'existe de société authentiquement démocratique que celle dans laquelle les droits fondamentaux des individus sont effectivement garantis.

266. En effet, arrivé à ce point, il faut rappeler que l'engagement social, corollaire de la liberté, repose sur le niveau de conscience individuelle et sur les valeurs acquises et préservées. Avoir le cœur à la bonne place n'est pas un don naturel. C'est ici qu'intervient pernicieusement le contexte culturel planétaire généré par la société de consommation et de l'image ainsi que par l'ultralibéralisme économique qui valorisent à outrance l'individualisme, le matérialisme, l'hédonisme et la superficialité.

---

[198] G. BURDEAU, « démocratie », in Encyclopédia Universalis, corpus 7, p. 151. Cité par p. B-A. ADAMOU, « *Le constitutionnalisme à l'épreuve de l'intégration dans l'espace CEDEAO : contribution à l'étude de la protection des droits fondamentaux depuis l'ouverture démocratique en Afrique* », Thèse de doctorat, Université de Toulon, 2018, p. 54.

[199] *Idem.*

267. À l'évidence, cette culture ambiante de passivité individualiste est au centre de la défiance citoyenne d'aujourd'hui. Elle est aussi au cœur d'un comportement égocentrique particulier lequel compromet la capacité des représentants et des dirigeants élus de gouverner correctement, faisant même de leur tâche une mission presque impossible.

268. Ainsi, nombreux sont les individus mais plus encore les groupes d'intérêt qui parlent en leur nom, qui multiplient les revendications et surchargent de demandes leurs dirigeants sans trop se préoccuper des capacités réelles de l'État, sans trop s'inquiéter non plus des conséquences de leurs propres requêtes sur les besoins des autres, les plus faibles en particulier, et sur les conditions de vie sinon parfois de survie de ces derniers. Une évaluation sommaire du coût total des revendications de toute nature et provenance indique que celles-ci dépassent largement la capacité de payer de n'importe quel gouvernement. Au total, ces exigences deviennent vite irréalistes.

269. Les réponses politico-administratives, qui ne sont jamais à la hauteur des attentes, engendrent évidemment encore plus d'insatisfaction et de désintérêt. Dramatique cercle vicieux qui voit s'établir une *démocratie protestataire mais complètement apolitique, une démocratie contre elle-même*, devenue totalement vulnérable à la séduction démagogique de quelques assoiffés de pouvoir qui promettent aux gens la satisfaction recherchée de leurs besoins et désirs en échange de leurs voix.

270. L'attention que l'on doit porter à la *responsabilité individuelle* de chaque citoyen ne doit cependant pas occulter celle des dirigeants politiques et des technocrates qui les entourent. Les réformes politiques et institutionnelles effectuées ces dernières années par plusieurs gouvernements, dont celui du Mali, n'ont pas aidé, entre autres, à développer une citoyenneté très active. Elles ont plutôt conduit à faire des citoyens des consommateurs de services et des clients que l'on sonde et étudie et sert d'abord et avant tout.

CHAPITRE II

LA CONSTRUCTION DE LA CITOYENNETÉ COMMUNAUTAIRE À PARFAIRE

271. La communauté doit repenser sa politique relativement à la citoyenneté, au regard des insuffisances et des difficultés notées par la réalité de la pratique rencontrer par les citoyens dans les frontières étatiques. Elle doit tout de même tracer les nouvelles orientations politiques consistant à donner un sens à la citoyenneté communautaire afin de mieux garantir les droits des personnes et de préserver leurs intérêts. Pour cela, les nouvelles perspectives doivent être dessinées pour rendre plus active la mobilité des personnes (**Section I**), et ensuite l'institution d'un mécanisme de suivi des principes fondamentaux de la citoyenneté sera nécessaire (**Section II**).

Section I

Les nouvelles perspectives pour une citoyenneté plus effective

272. Pour beaucoup, la citoyenneté de la communauté n'est qu'une apparence, voire même un mythe. Elle se trouve mise en question aujourd'hui dans le contexte d'une crise politique, économique et sociale majeure qui affecte une grande partie des États membres de la CEDEAO. Dans le même temps, cette crise fragilise l'ensemble des processus démocratiques, mettant en cause la légitimité même des institutions et de l'action publique tant au niveau national que régional. Nombreux sont les citoyens trouvant que la CEDEAO ne leur apporte pas les réponses et la protection nécessaire face à leurs attentes et aux multiples crises dans les États. Ils se tournent alors vers un positionnement extrême, se traduisant par un repli identitaire, une montée des populismes, des régionalismes et du sentiment anti-CEDEAO. Donc la redynamisation de la citoyenneté communautaire s'impose (**Paragraphe I**), et de l'adaptation de la politique communautaire à la notion (**Paragraphe II**).

Paragraphe I : La redynamisation de la citoyenneté communautaire

273. La raison importante du décrochage citoyen est sans doute la crise de confiance qui mine la relation du peuple avec ses élus, ce que plusieurs appellent aujourd'hui la *crise de la représentation*. Depuis un bon moment déjà, on observe un écart croissant entre représentants et représentés, entre élus et citoyens. On voit et on entend très bien la population exprimer sa méfiance, son hostilité même, envers les membres de la classe politique, sinon envers la fonction politique et les institutions elles-mêmes, ce qui est encore plus grave. Un peu partout dans les États membres de la CEDEAO, les sondages d'opinion témoignent régulièrement du peu d'estime, du désabusement et du cynisme des citoyens envers les politiciens. À bien des égards, leur crédibilité est quasi nulle. Pourquoi ?

274. Il faut donc réorienter la politique communautaire autour de pratiques citoyennes nouvelles par le renforcement de l'éducation à la citoyenneté démocratique (**A**), avant d'évoquer l'une des questions cruciales en Afrique, celle de l''exemplarité des dirigeants africains, comme condition l'acceptation de leur politique par les citoyens (**B**).

A. La forte volonté politique autour de pratiques citoyennes nouvelles : Le renforcement de l'éducation à la citoyenneté démocratique

275. La portée de la citoyenneté consiste dans une large mesure à rassembler et non à diviser, à unir et non à désunir ; d'où la nécessité d'une forte volonté politique pour la promotion et la protection des droits attachés à la citoyenneté dans l'espace communautaire[200]. Le besoin d'un équilibre entre les ordres juridiques apparait dès lors évident. Mais encore faut-il que les autorités politiques prennent réellement conscience de cette nécessité.

276. En effet, les intérêts de l'État ou si l'on préfère l'expression « *l'intérêt général* » peuvent être perçus de façons divergentes entre les détenteurs de l'autorité publique et les citoyens ou certains d'entre eux. La construction africaine de la citoyenneté est imprégnée de cette dimension. La place importante qu'occupe l'expression de la rue dans l'imaginaire politique collectif, le mouvement du 23 juin 2011 au Sénégal[201], mouvement populaire en 2015 au Burkina Faso[202], encore récemment le mouvement du 5 juin

---

[200] B-A. ADAMOU, « *Le constitutionnalisme à l'épreuve de l'intégration dans l'espace CEDEAO : contribution à l'étude de la protection des droits fondamentaux depuis l'ouverture démocratique en Afrique* », *op. cit.*, p. 136.

[201] Le 23 juin 2011, une organisation dénommée mouvement du 23 juin a été créée à Dakar. Ledit mouvement était inspiré par le retrait d'un projet de loi sur la vice-présidence à la suite de manifestations hostiles dans les rues de Dakar pour demander le départ du président de la République.

[202] En octobre-novembre 2014, le Burkina Faso été au cœur du soulèvement et de l'insurrection populaire, aujourd'hui appelés « *la révolution* ». La proposition d'une loi modifiant l'article 37 de la constitution, qui aurait ouvert la voie pour une présidence à vie à Blaise COMPAORE, a fait déborder le vase. L'article 37 était relatif à la durée du mandat et les modalités de l'éligibilité du président : *« le président est élu pour cinq ans. Il est rééligible une seule fois »* (la constitution de 1991). Selon la proposition de loi, le texte aurait été modifié comme

au Mali[203] en ont des illustrations, au point que l'opposition de la rue à l'ordre établi est parfois présentée en Afrique comme une expression à la citoyenneté. Cette hausse de la manifestation populaire dans la rue comme forme d'expression politique pose des sérieux problèmes, parce qu'elle court-circuite l'exercice légitime du pouvoir par les gouvernements, dûment élus par le peuple[204].

277. Dans un contexte d'insécurité grandissante dans les États et la baisse de participation aux élections de plus en plus décriée, il est possible d'interpréter ces manifestations comme le passage du pouvoir des urnes au pouvoir de la rue[205]. Les *citoyens-électeurs* seraient ainsi en train de perdre du pouvoir au profit des *citoyens-manifestants*. Cependant, il faudrait s'inquiéter de cette situation dans les États membres de la CEDEAO, qui révéleraient une crise de la représentation politique et du bon fonctionnement de la démocratie.

---

suit : « *le président du Faso est élu pour cinq ans au suffrage universel direct, égal et secret. Il est rééligible deux fois* ». L'opposition politique et la société civile se mobilisèrent alors avec des pancartes telles que « Blaise dégage » et « *Blaise = Ebola* » lors des manifestations des 27, 28, et 29 octobre. Le 30 octobre les manifestants prirent d'assaut l'Assemblée nationale, puis la brulèrent pour signifier avec force leur opposition à cette loi, déclenchant ainsi l'insurrection le 31 octobre, Blaise démissionna après avoir passé vingt-sept ans au pouvoir. Voir pour plus de détails S. HAGBERG, L. KIBORA, F. OUATTARA, A. KONKOBO, « Au cœur de la révolution burkinabè » in Revue Anthropologie & Développement, n° 42-43/2015 disponible sur le site http://journals.openedition.org/anthropodev/499 consulté le 31 mai 2021.

[203] En juin de 2020, une contestation est menée par le mouvement – Rassemblement des forces patriotiques (M5-RFP), une coalition hétéroclite de chefs religieux, de responsables politiques et de membres de la société civile, réclamant la démission du président Ibrahim Boubacar Keita (IBK). Cette alliance, qui peine parfois à s'exprimer d'une seule voix, s'est substituée à une opposition classique.

[204] P. DUFOUR, « *La politique en question* », Presse universitaire de Montréal, 2008.

[205] *Idem.*

278. Les nouvelles formes d'expression citoyenne ne sauraient aller dans le sens d'une telle méconnaissance des principes républicains. Il faut, bien au contraire se garder de tout idéalisme à leur égard et rappeler, comme l'a fait Victor HUGO dans ses écrits dénonçant le coup d'État, le lien consubstantiel entre la citoyenneté et le droit[206].

279. Toutefois, il faut encore relever que des expressions ou initiatives présentées comme citoyennes peuvent habiller des intérêts qui ne sont pas ceux de la collectivité des citoyens. D'autres, authentiques dans leur élan, peuvent être détournées au profit d'intérêt partisans ou de valeurs étrangères à celles de la République[207]. Comme on peut le constater avec la montée en puissance des nouvelles technologies de communication, c'est-à-dire le numérique, le risque peut être particulièrement grave dans ce champ, peu maîtrisé et très exposé à l'action de groupes de pression parfois avec des identités masquées.

280. La citoyenneté démocratique appelle donc à un renforcement du caractère patriotique des engagements, car tout engagement n'est pas forcement démocratique ou du moins patriotique. Pour pouvoir être ainsi caractérisé, il doit être orienté vers l'intérêt général ou le bien commun. Comme le fait brièvement remarquer un auteur africain « *il faut faire renaitre en chacun la conscience de la nécessaire conciliation de l'intérêt individuel avec l'intérêt général et le sentiment de l'obligation de renonciation au premier lorsqu'il contredit le second*[208] ». À cette aune, la citoyenneté patriotique ne recouvre pas la totalité des engagements associatifs ou bénévoles ; aussi respectables soient-ils, nombre d'activités bénévoles relèvent du champ des besoins ou activités partagées sans lien suffisant avec le civisme.

---

[206] V. HUGO, « Le droit incarné, c'est le citoyen », Actes et paroles pendant l'exil.

[207] S. HAYAT, « La république, la rue et l'urne », in Revue Pouvoir, 2006/1 (n°116), p. 31-44.

[208] O. SONKO, « Solutions pour un Sénégal nouveau », p. 13.

281. A fortiori, un engagement personnel ou collectif au service d'un idéal, si respectable soit-il mais qui ne s'inscrit pas dans le cadre des règles républicaines, ne saurait se voir reconnaître un caractère citoyen autrement que par abus de langage. Il faut le rappeler encore qu'en démocratie, toute opposition aux autorités publiques doit s'exprimer dans le cadre de l'État de droit. Or, la multiplication contemporaine des formes d'expression qui se réclament de la citoyenneté accentue bien évidemment les risques de méconnaissance de ce cadre. Il arrive même souvent que des consultations locales organisées hors de tout cadre juridique soient invoquées pour contester l'évolution des politiques menées par les autorités légalement investies.

282. La loi républicaine est également contestée en permanence par des groupes minoritaires agissants qui se référant au droit à la désobéissance civile ou même au droit de résistance à l'oppression en invoquant une citoyenneté de combat faisant prévaloir les valeurs morales, sociales, religieuses ou politiques sur le droit positif fixé par la loi ou des décisions de justice. Certes, les droits de manifester et de regrouper sont en effet reconnus par la majorité des constitutions des États membres.

283. La reconnaissance juridique de ces droits, ne signifie pas, pour autant, que la manifestation soit considérée comme légitime aux yeux des gouvernements. D'ailleurs, toute action manifestante entraîne une réaction des forces de l'ordre qui peut aller de la présence policière passive au moment du déroulement de la manifestation à la répression sévère et à l'incarcération. Un auteur a pu affirmer à ce propos que c'est « *la reconnaissance, l'existence et la garantie de droits politiques qui déterminent le régime de démocratie que peut connaitre un pays (...) le droit à la sureté de la personne et à la libre expression de la pensée marque le fonctionnement suprême de la démocratie* *libérale*[209] ». C'est la même position qu'à adopter la Cour européenne des droits de l'homme[210].

284. La gravité des comportements par ces détournements de l'objectif de la démocratie, conscients ou non, de la citoyenneté appelle des interventions appropriées des autorités publiques par le renforcement de l'éducation à la citoyenneté démocratique et patriotique, selon deux axes principaux. D'une part, en rappelant, par exemple à une pédagogie appropriée, ce que sont les fondements et les modalités d'exercice de la citoyenneté et, d'autre part, en se dotant d'instruments permettant de distinguer les initiatives relevant d'engagement démocratique et patriotique citoyens de celles qui ne peuvent prétendre à cette qualification. Des instruments appropriés existent déjà, tel est le cas par exemple, de la notion d'association d'utilité publique, ou de la notion d'association d'intérêt général. Elles permettent d'identifier dans le monde associatif, les structures qui contribuent à la construction et à la consolidation du bien commun.

285. Cependant, une revue générale des moyens à mettre en œuvre s'impose néanmoins, afin que la puissance publique dispose d'un éventail pertinent. Une nouvelle citoyenneté du quotidien, fait d'engagement et de solidarité,

---

[209] G. COHEN-JONATHAN, « Droits de l'homme », in Encyclopedia Universalis, corpus 7, p. 714. Cité par B-A. ADAMOU, « *Le constitutionnalisme à l'épreuve de l'intégration dans l'espace CEDEAO : contribution à l'étude de la protection des droits fondamentaux depuis l'ouverture démocratique en Afrique* », *op. cit.*, p. 54.

[210] Dans un arrêt du 7 décembre 1976, la CEDH détermine les éléments caractéristiques d'une société démocratique. Selon elle (cour) « il n'est pas de société démocratique sans que le pluralisme, la tolérance et l'esprit d'ouverture se traduisent effectivement dans régime institutionnel, que celui-ci soit soumis au principe de la prééminence du droit, qu'il comporte essentiellement un contrôle efficace de l'exécutif, exercé sans préjudice du contrôle parlementaire, par un pouvoir judiciaire indépendant, et qu'il assure le respect de la personne humaine ». CEDH, *handyside c./Royaume-Uni*, 7 décembre 1976.

renoue avec une dimension fondamentale de la citoyenneté : l'exemplarité par action.

286. Déjà nous avons mis en évidence les frustrations engendrées par les illusions brisées de la participation publique ainsi que par les réponses qui, très souvent, ne sont pas à la hauteur des attentes. Une autre composante de la colère citoyenne concerne celle-là la réaction aux manquements éthiques des membres de la classe politique. Même si cette question a toujours été présente dans la vie politique des États, elle prend une importance plus grande aujourd'hui à cause de l'instruction et de l'éducation qui ont porté à un niveau peut être inégalé dans l'histoire, l'exigence d'une haute moralité de la part des dirigeants des démocraties.

B. L'exemplarité des dirigeants africains, comme condition de l'acceptation de leur politique par les citoyens

« Dans « la nouvelle » politique, c'est la réputation qui constitue la principale médiation organisatrice de la confiance. Elle est en quelque sorte devenue le « dépôt de garantie » de l'homme politique[211] ».

287. L'exemple se transmet doit-on le rappeler, les anciens leaders panafricanistes nous ont légué deux trésors : la liberté et l'exemple. Les combats qu'ils ont menés hier, nous montrent le chemin à suivre aujourd'hui. Grâce à eux, non seulement nous sommes libres d'une manière, mais nous savons comment le rester si nous le voulons vraiment.

288. Une démonstration vaudra toujours mieux qu'un long discours verbeux. L'apprentissage qui ne s'appuierait pas sur elle est du temps perdu. C'est là le principe de base de toute pédagogie. L'exemple enseigne doit-on encore le rappeler. On n'a jamais rien trouvé de plus solide, ni de plus efficace, que l'exemplarité comme fondement d'un

---

[211] P. ROSANVALLON, *« La contre-démocratie. La politique à l'âge de la défiance »*, *op. cit.*, p. 54.

management réussi[212]. L'exemple commande. Il s'agit moins pour les chefs d'État africains de *« faire un exemple »* que d'*« être un exemple »*.

289. Il est parfois des moments d'extrême difficulté, de doute, de faiblesse, quand les citoyens des États membres ont besoin d'un repère auquel se raccrocher pour repartir. Ce repère, il le trouve sans doute dans l'exemple de ses dirigeants, momentanément plus résilient. L'exemple encourage.

290. L'exemple protège. Dans le brouillard de notre société, où la limite entre le bien et mal n'est plus si évidente, l'exemplarité du comportement des dirigeants africains vis-à-vis des affaires publiques et la fidélité de leurs principes sont des garanties indispensables, protectrices de toute dérive comportementale des personnes qu'ils dirigent.

291. Enfin, l'exemple se construit sur la cohérence entre les paroles et les actes. Il ordonne, pas dans le sens de *« donner un ordre »*, mais dans le sens de *« mettre les choses en ordre »*. Pour y parvenir, il ne faut pas chercher à être irréprochable, à forcer sa nature ; mais seulement à faire son devoir. Ne pas prendre la lumière, mais la faire rayonner.

292. Le dirigeant est celui qui crée une atmosphère, une ambiance, un climat favorable aux attentes de ses concitoyens. Et puis, comment oser demander de faire quelque chose, en montrant l'inverse ? Il y va de la crédibilité des gouvernants vis-à-vis des gouvernés, de ses politiques et de ses interventions.

De grands projets de société ne peuvent être conçus ni mis en œuvre sans une gouvernance à la hauteur de ces défis. Tout d'abord, il faut préciser le sens du mot gouvernance, dont l'ambiguïté conceptuelle ne fait que contribuer à répandre son usage. La gouvernance signifie alors l'organisation des processus de prise de décision dans une enceinte donnée, bien au-delà du cadre strict d'un gouvernement.

---

[212] La simplicité et la transparence sont, du même coup, devenues les vertus politiques cardinales.

293. Il ne s'agit pas non plus de « *gouvernabilité* », ce mot si cher aux hommes politiques africains lorsqu'ils ont justifié des mesures peu compatibles avec la volonté exprimée par le peuple au moment du suffrage universel, sous prétexte de préserver la stabilité politique, nécessaire pour exercer leur autorité, sans doute légitime par les urnes, mais ensuite délégitimée par le détournement des attentes générales, d'ailleurs difficilement mesurables[213].

294. À partir de ce qui a été relevé plus haut, tout dirigeant exemplaire est un homme d'équilibre. L'équilibre n'est pas une qualité, mais un état. Un état jamais définitivement acquis, souvent précaire et, pourtant, absolument indispensable, parce qu'il offre la stabilité sans laquelle rien ne se construit, pas même le développement. Seul un équilibre profondément enraciné peut permettre de penser et de décider juste dans l'urgence. Dans un continent en vibration constante, où chaque jour est plus instable et plus incertain, l'idée d'équilibre semble pourtant dépassée. L'écrivain Georges Duhamel faisait déjà ce constat, en 1937 : « *le monde n'est pas construit pour l'équilibre. Le monde est désordre. L'équilibre n'est pas la règle, c'est l'exception* ». Mais il ajoutait, aussitôt : *« je fais le serment de travailler pour l'ordre et l'équilibre* ».

295. La recherche incessante d'un meilleur équilibre et d'une meilleure d'adaptation des politiques d'intégration que nationale visent, par exemple pour les dirigeants, la stabilité du continent et de leurs États respectifs et la protection des citoyens. Elle porte incontestablement un nom : la paix, « *notre seule conquête* ». Mais cette quête d'équilibre est, en réalité, universelle. Elle doit s'étendre à toutes les dimensions de vie d'homme et femme, pour garder ce que les anciens appelaient « *le sens de la mesure* ».

---

[213] D. VENTURA, « La gouvernance démocratie et l'intégration économique. Regards croisés entre le Mercosur et l'Union européenne », *op. cit.*, p. 95.

296. Au-delà de ces quelques pistes, toute organisation souffre souvent de la difficulté du dialogue avec ses sujets de droit. Là encore, la préservation d'une double approche est vitale, car tout déséquilibre entraîne, tôt ou tard, la bascule de l'ensemble.

297. L'équilibre ne se résume donc pas à un « *entre-deux* », à un immobilisme baigné d'eau tiède et rongé d'indécision. L'équilibre est, au contraire, un mouvement d'ajustement permanent qui permet de rester stable au cap et debout. Il ouvre sur l'unité et l'harmonie, en ne niant pas les différences, mais en cherchant à les accorder pour le plus grand bien commun et non pas les intérêts individuels des dirigeants. Quittons ce monde d'opposition idéologique qui inhibe et réduit entre les progressistes et les réactionnaires, les socialistes et les gens de l'ordre, les patriotes et les mondialistes, ceux qui sont pour et ceux qui sont contre. La mesure et l'équilibre mènent à l'unité du continent et à l'exemplarité. C'est ainsi que l'on simplifie la complexité, pour tracer un cap compréhensible et pour mener les concitoyens vers le succès.

298. L'équilibre est l'une des formes de l'exemplarité, ce long et exigeant chemin. Elle requiert de l'abnégation, qui peut amener les dirigeants des États membres à sacrifier de leur temps, quand cela est nécessaire et au moment opportun, car les gouvernés sont sensibles à la disponibilité de leurs dirigeants, à l'instant où ils en ont besoin. Comme écrivait un auteur que « *Diriger, c'est servir : ce n'est pas au peuple de s'adapter à l'État, c'est à l'État de servir le peuple*[214] ». Donner l'exemple de disponibilité est le plus simple, le plus constant, le plus réel des actes de la charité fraternelle.

---

[214] M- I. DIARRA, « *C'est possible au Mali* », éd., cherche midi, 2017, p. 150.

299. On perd ce sens de l'amour, quand on fait du travail une servitude au lieu d'en faire un service. On ne peut pas travailler sans servir quelqu'un : celui qui extrait le pétrole sur une plateforme isolée sert celui qui se chauffera ; le fonctionnaire administratif qui rédige des dossiers du matin au soir sert ceux qui, grâce à ces papiers, recevront quelques argents ou quelques facilités ; le magasinier sert celui qui vient se ravitailler… travailler, c'est presque toujours donner de la joie quelque part. Servir… Toujours servir. Comme le disait déjà Albert EINSTEIN : « *il est grand temps de substituer à l'idéal du succès l'idéal du service* ». Car la première exemplarité est d'avoir le sens des autres. Exemplarité rime avec humanité.

Paragraphe II : L'adaptation de la politique de la CEDEAO à la notion de la citoyenneté communautaire

« La gouvernance interactive est une voie permettant à un gouvernement d'impliquer ses citoyens, ses organisations sociales, les autres parties prenantes dans le processus d'élaboration des politiques publiques »

300. Une exploration des nouvelles formes de participation citoyenne élaborées depuis un certain nombre d'années déjà révèle que c'est autour de l'idée forte stipulant que le dialogue et la discussion en vue de construire le nécessaire consensus sont fondateurs de la démocratie que les expérimentations ont été menées. On a compris qu'on ne peut pas révolutionner la citoyenneté démocratique sans modifier profondément autant la façon classique et millénaire de faire usage de la libre parole en collectivité que les modalités d'échange et de collaboration entre les citoyens et leurs élus.

301. À l'ère de la complexité, de l'individualisme et des rapports sociaux tendus, le temps est venu de parler et de communiquer autrement pour apprendre puis pour dénouer les crises, résoudre les problèmes et agir efficacement. C'est dans cette optique que deux nouvelles approches de participation des citoyens peuvent être envisagées. D'abord, il s'agit des mécanismes d'ajustement de la mobilité des citoyens (**A**), et la nécessité d'un médiateur communautaire : vers la consécration d'un droit de recours non-contentieux des citoyens (**B**).

A. Les mécanismes d'ajustement de la mobilité des citoyens

302. Le traité de la CEDEAO institue une communauté économique afin de réaliser le marché commun, par la mise en place de politiques communes comme l'établissement de la libre circulation des marchandises, des personnes, des capitaux et des services et l'instauration de la libre concurrence. La Convention[215] repose sur le principe de l'égalité de traitement entre travailleurs migrants et ressortissants du pays d'accueil. Cela signifie que tous les travailleurs qui sont des ressortissants d'un pays de la CEDEAO auront les mêmes droits et obligations en vertu de la législation de tout pays de la CEDEAO qui est partie à cette Convention. Cependant, la réalité est tout autre pour les migrants qui éprouvent d'énormes difficultés à exercer leurs droits à la sécurité sociale comparés aux nationaux qui travaillent toute leur vie dans leur pays.

303. En raison de leur statut, de leur nationalité ou de la durée insuffisante de leur emploi et de leur titre de résidence, les migrants peuvent se voir refuser l'accès à la couverture de la sécurité sociale dans leur pays d'accueil ou n'y avoir accès effectivement que de façon limitée. Dans un

[215] L'article 6 de l'acte additionnel A/SA.5/07/13 relatif à la convention générale de la sécurité sociale des Etats membres de la CEDEAO qui dispose « *Les personnes qui résident sur le territoire d'une partie contractante et auxquelles la présente Convention est applicable sont soumises aux obligations et sont admises au bénéfice de la législation de toute partie contractante dans les mêmes conditions que les ressortissants de cette dernière partie* ».

même temps, les travailleurs migrants peuvent perdre leurs droits aux prestations de sécurité sociale dans leur pays d'origine du fait de leur absence temporaire. Il est donc essentiel qu'ils aient conscience et connaissance de leurs droits à la sécurité sociale et de diverses dispositions juridiques qui protègent et promeuvent ces droits.

304. La mission de la communauté est essentiellement économique. Cependant, l'expansion économique ne doit pas être considérée comme une fin en soi. Elle doit aussi permettre l'amélioration de la qualité et du niveau de vie des citoyens[216].

305. Ainsi, le marché du travail est nécessaire à la mise en œuvre du marché commun, ce qui implique d'en maitriser les conditions et son fonctionnement. Les impératifs de la libre circulation des travailleurs qui se déplacent pour exercer un emploi dans les autres États membres, nécessitent que soit facilitée leur migration au sein de la communauté, notamment par l'existence d'une protection sociale adéquate[217]. Cependant, l'élaboration d'une politique sociale reste nécessaire, non pour corriger les effets des injustices résultant de la politique économique, mais afin de créer les bases de conditions de vie justes et humaines.

306. La portabilité de la sécurité sociale implique de cerner avec soin leur définition comme leur force obligatoire. Ainsi, la protection sociale peut être définie comme la combinaison de diverses techniques de prise en charge de risques sociaux et de besoins sociaux à un moment donné. Le droit à la protection sociale est l'ensemble des normes

[216] C. CHEVAL, « Politique sociale européenne et nouvelle société », in Études de droit du travail offertes à A. BRUN, Libraire sociale et économique (LES), Paris, 1974, p. 139.

[217] A. DANG, « *Égalité de traitement et libre circulation des travailleurs en droit communautaire de la protection sociale* », Mémoire de DEA, Université Lille 2, 2001-2002, p. 9.

qui rendent compte des solutions ainsi retenues[218]. Bien que certains auteurs les considèrent comme synonymes, la notion de protection sociale doit être distinguée de celle de « *sécurité sociale* ». Cette dernière a vocation à ne concevoir que certains risques concernés par les régimes de base obligatoires, auxquels cotisent les assurés. La protection sociale englobe une réalité plus large, puisqu'elle vise à couvrir tant les risques que les besoins sociaux.

307. Les défis sanitaires et démographiques nécessitent la mise en place de systèmes de la solidarité équitables et efficaces. La communauté sociale qu'il faut bâtir doit reposer sur les principes de citoyenneté, d'égalité des droits et d'universalité. Il en découle qu'il faudra rompre avec les systèmes de protection sociale en vigueur en Afrique subsaharienne, legs de la colonisation, qui se limitent à la couverture de quelques risques chez les travailleurs des secteurs publics et privés.

308. De même, l'approche de la Banque mondiale d'une protection sociale laissée au marché avec quelques mesures d'assistance sociale n'est pas la voie toujours à vivre à notre avis. Ce qui est ici revendiqué est une protection sociale dans une perspective de droits universels.

309. En effet, la protection sociale doit s'étendre à tous pour les travailleurs et leurs familles dans l'espace CEDEAO et même les domestiques[219]. Les employeurs et l'État doivent supporter les coûts de cette sécurité sociale. Les allocations accordées en cas d'incapacités de travailler doivent être équivalentes au salaire perdu, les assurés doivent gérer et administrer eux-mêmes les organisations de sécurité sociale, doivent être organisés territorialement, plutôt que par catégorie de risque.

---

[218] F. KESSELER, « *Droit de la protection sociale* », Coll., cours, Dalloz, Paris, 2000, p. 1.

[219] Ce que l'on appelle très couramment les servantes et les boys.

310. Ainsi, dans l'espace CEDEAO, les systèmes de protection sociale sont fondés sur la logique d'assurance, restent inaccessibles à une grande majorité de la population. La couverture par les régimes légaux de sécurité sociale est très limitée et largement confinée aux travailleurs de l'économie formelle et de leurs familles[220]. Suivant ce constat, nous souhaiterons une protection sociale dans une perspective plus large de développement.

311. Cependant, l'assurance maladie, longtemps considérée comme moyen d'assurer un individu à des risques de soins en cas de maladie, a toutefois montré ses limites surtout en cette période de pandémie[221]. Les systèmes modernes de la protection sociale (assurance maladie, régime d'assistance médicale) sont ainsi inopérants au moment des grandes crises, quand sont insuffisants les infrastructures et les moyens humains, matériels et financiers. Les pandémies ravagent les sociétés imposent une logique de mobilisation des solidarités de tous genres.

312. Cependant, cette mobilisation ne peut être assurée que par les institutions étatiques, ce qui met en avant le rôle de l'État. Pour remédier aux insuffisances des systèmes de la protection sociale, quelques pays africains[222] mobilisent des modes traditionnels de solidarité, en créant un fonds spécial, géré par l'État, pour la collecte de l'aide publique, destiné à soutenir le secteur de la santé, à indemniser les

---

[220] Organisation internationale du travail, « *La protection sociale en Afrique* », disponible sur ilo.org consulté le 7/12/2021.

[221] Par exemple certains pays en ce temps de crise sanitaire Covid-19, il a fallu faire attendre certains patients pour d'autres se rétablissent ou décèdent parce que les hôpitaux étaient saturés. Pour faire donc face à la situation de crise provoquée par cette pandémie, les pays européens et certains africains ont recouru à des formes traditionnelles de traitement de patients (par traitement à domicile, installation d'hôpitaux militaires dans les centres-ville, etc.).

[222] Par exemple Le Sénégal a mis en place un fonds covi-19, le mali en a fait de même.

chômeurs temporaires pour cause de force majeure, à fournir de l'aide aux travailleurs du secteur informel et des familles en situation précaire.

313. La question qui mérite une acuité particulière est celle de leur financement. La source de financement sera essentiellement par les ressources locales. Les recettes fiscales peuvent être augmentées fortement, sans peser sur les populations les plus fragiles. Il faut mettre à contribution le capital local et étranger, dans l'objectif de réduire le secteur de l'économie informelle qui reste dominant dans les États membres. Il faudra aussi mettre un terme à la persistance de systèmes fiscaux inefficients et inefficaces, rompre avec la persistance d'incitations fiscales très généreuses et non nécessaires dans certains secteurs, et, enfin lutter résolument contre l'évasion fiscale et les flux financiers illicites qui partent de l'Afrique.

B. La nécessité d'un médiateur communautaire : vers la consécration d'un droit de recours non-contentieux des citoyens

314. À l'instar de l'Union européenne, le droit de la CEDEAO a exclu dès l'origine parmi les composantes du statut de citoyen communautaire, le droit de recourir à une institution de médiation et le droit d'adresser des pétitions au parlement. À travers ces droits non envisagés, les citoyens devraient pouvoir se reconnaître la possibilité de déclencher eux-mêmes un contrôle sur des institutions et des États membres, exercé par un organe non-juridictionnel, et ayant pour finalité la protection des droits individuels garantie par la législation communautaire, dont le droit à une bonne administration[223]. Ces droits de recours, non-contentieux ont une nature mixte, civile et politique puisque considérés à la fois comme des mécanismes de protection

[223] O. COSTA, N. JABKO, N. LEQUESENE, P. MAGNETTE, « La diffusion des mécanismes de contrôle dans l'Union européenne : vers une nouvelle forme de démocratie ? », p. 858.

des droits individuels des citoyens et de légitimation du pouvoir, en ce qu'ils permettent à la soumission des gouvernants à la vigilance continue des citoyens par l'organisation des procédés non-juridictionnels de contrôle[224].

315. À travers la double fonction qui lui sera assignée, l'institution d'un médiateur participera à la consolidation de la responsabilité politique et démocratique des institutions, organes ou organismes de la communauté.

316. Le droit de recourir au médiateur constituera sans doute une composante du statut non-contentieux du citoyen communautaire, permettant au médiateur de contribuer à la garantie du droit à une bonne administration des affaires communautaires. De la même manière en prenant appui sur son rôle de protection des droits des citoyens face à l'administration, le médiateur remplira une mission plus politique, et contribuera à diffuser jusque-là connue dans les traditions constitutionnelles des États, de nouveaux principes de responsabilité politique[225]. Cependant nous verrons successivement la nécessité d'une interaction entre les citoyens et les organes communautaires (**1**), et le nécessaire renforcement de la citoyenneté par le traitement des revendications des étrangers dans l'État membre, autre que son pays d'origine (**2**).

1. La nécessaire interaction entre les citoyens et les organes communautaires : la consolidation de la responsabilité politique des institutions communautaires

« Le gouvernement représentatif devient bientôt le plus corrompu des gouvernements si le peuple cesse d'inspecter ses représentants[226] »

[224] P. MAGNETTE, « Le principe démocratique au-delà de la représentation », p. 53.
[225] P. MAGNETTE, « Entre contrôle parlementaire et « État de droit » : le rôle politique du Médiateur dans l'Union européenne », p. 933.
[226] Madame ROLAND, Lettre du 31 juillet 1791, in « *Lettre de Madame*

317. La création d'un statut non contentieux du citoyen de la CEDEAO, aura pour finalité de compenser l'accès restreint des particuliers au recours en annulation, ainsi que les conditions restrictives qui entourent la mise en œuvre de la responsabilité non contractuelle de la communauté. Bien sûr cela nécessitera la révision du traité fondateur pour introduire ses nouveaux mécanismes. La révision pour instituer un nouveau statut non-contentieux pour les citoyens de la communauté répondra à une logique de compensation, permettant le renforcement de la reddition des comptes dans la CEDEAO.

318. Au bénéfice de la révision, la nouvelle institution de médiateur sera autorisée à recevoir et instruire des plaintes émanant de tout citoyen ressortissant dans l'espace CEDEAO ou de toute personne physique ou morale résidant ou ayant son siège statutaire dans un État membre et relatives à des cas de mauvaise administration dans l'action des institutions de la CEDEAO. La conception large du cercle des bénéficiaires du droit de saisir le Médiateur correspond naturellement à la perspective de protection des droits individuels des individus face à l'administration de la communauté dans laquelle se situe l'institution du Médiateur et qui en fait plus une institution relevant de l'État de droit, que de la démocratie au sens strict.

319. Placé donc sur le créneau des droits de recours non-contentieux du citoyen contre les décisions de l'administration, le nouveau médiateur se présentera en quelque sorte comme une institution de contestation, permettant la garantie du droit à une bonne administration de la part des institutions[227] de la CEDEAO. Cependant, le médiateur sera

---

Roland », Paris, 1902, t. II, p. 354. Cité par P. ROSANVALLON, « *La contre-démocratie. La politique à l'âge de la défiance* », *op., cit.*, p. 35.

[227] A. EFTIMIE, « *La citoyenneté de l'union : Contribution à l'étude d'une communauté politique plurielle* », Thèse de doctorat, Université Montesquieu-Bordeaux IV, 2012, p. 1128.

appelé dans sa nouvelle posture à mettre en œuvre un contrôle non juridictionnel reposant évidemment sur l'implication directe des citoyens et forçant les institutions de la CEDEAO à exposer et justifier de manière permanente leur action devant eux. Sa mission consistera à rechercher dans la mesure du possible, une solution conforme à l'intérêt particulier du citoyen concerné.

320. L'effectivité du droit de recours au médiateur sera donc garantie par la justice, comme il a été rappelé par le juge des communautés européennes comme le droit « *à ce que le médiateur cherche une solution extrajudiciaire à un cas de mauvaise administration les affectant*[228] ». Cependant, le législateur doit conférer au médiateur la mission d'identifier et de chercher à éliminer les cas de mauvaise administration[229] au nom de l'intérêt général. Puisse que sa fonction doit contribuer de manière plus générale à la consolidation d'une administration ouverte, démocratique et responsable.

321. Le droit de recourir au médiateur va enrichir incontestablement le système de protection des droits individuels des citoyens communautaires en remplissant une fonction de compensation par rapport aux insuffisances de leur statut contentieux et une fonction de complémentarité par rapport aux mécanismes non contentieux.

322. D'une part, le recours au médiateur revêt une importance particulière par rapport au droit interne des États membres, car il pourrait pallier les carences de l'aménagement imparfait des recours contentieux. L'accès

---

[228] TPICE, 10 avril 2002, Lamberts/Médiateur, T-209/00, Rec. 2002 p. II-2203, pt. 59, confirmé par CJCE, assemblée plénière, 23 mars 2004, Médiateur/Lamberts, 234/02 P, Rec. 2004 p. I-2803.

[229] Selon le rapport du Médiateur européen en 2010, « *Il y a mauvaise administration lorsqu'un organisme public n'agit pas en conformité avec une règle ou un principe ayant pour lui force obligatoire* », disponible sur http://www.ombudsman.europa.eu/fr/activities/annualreports.face.

des particuliers au recours en annulation demeure limité, malgré les progrès réalisés dans ce domaine précis et les conditions d'engagement de la responsabilité non contractuelle de la communauté sont restrictives. D'autre part, comme en droit interne, la procédure de médiateur constitue également une solution alternative au recours au juge, car il présente les avantages d'une justice souple, rapide et gratuite. Enfin, l'institution du médiateur joue une fonction de compensation par rapport à l'incompétence des médiateurs nationaux à l'égard des institutions de la CEDEAO.

323. Cependant, compte tenu de la complexité du contrôle sur une base représentative, la reconnaissance au profit des citoyens de la CEDEAO présente une importance particulière pour la garantie du principe de responsabilité des gouvernants. En effet, la difficulté des citoyens d'imputer les responsabilités, compte tenu de la particularité du système institutionnel et de son organisation à deux niveaux, doit être particulièrement compensée par la reconnaissance de droits de recours non-contentieux, leur permettant de déclencher un contrôle portant sur le respect de leurs droits individuels par les institutions de la CEDEAO et les États membres, réalisé par un organe indépendant. Ce contrôle doit apparaitre alors comme important pour la légitimité démocratique des institutions de la CEDEAO et pour leur rapprochement avec les citoyens des États membres.

2. Le renforcement de la citoyenneté par le traitement des revendications des étrangers dans les États membres

324. Jusqu'à présent, cette protection, attribut de la souveraineté nationale, incombe à chaque État au profit de ses seuls nationaux. Elle doit intervenir désormais dans le cadre de la communauté en cas de non-représentation d'un État membre à l'étranger, par exemple à la suite d'une rupture des relations diplomatiques ou tout simplement pour des raisons liées à l'insuffisance du réseau diplomatique et consulaire de cet État. En vertu de la solidarité que facilite l'intégration, par exemple, si un citoyen de l'un des États membres se trouve dans un pays tiers où son propre État membre ne dispose pas d'une ambassade ou d'un poste consulaire, il doit nécessairement bénéficier d'une protection de la part des autorités de tout autre État membre de la CEDEAO représenté sur place, aux mêmes conditions que celles que cet État applique à ses propres nationaux.

325. Toutefois, la CEDEAO à travers la conférence des chefs d'État et de gouvernement, doit prendre une décision pour cataloguer les différents cas d'interventions possibles des États membres tels que par exemple : l'arrestation ou la détention d'un citoyen, l'accident ou la maladie grave (ex : Ebola, Covid-19), l'acte de violence subie par un citoyen, le décès du citoyen, l'aide au citoyen en détresse ou son rapatriement.

326. Il faut rappeler que les mesures de protections des citoyens peuvent aussi concerner des cas individuels ou collectifs. Pour faire face à des situations de crise, telles que les pandémies, de l'acte de terrorisme, ou conflit militaire, la CEDEAO doit dans l'intérêt de ses ressortissants adopter un certain nombre instruments pour mieux assister et protéger les citoyens. Ces instruments peuvent être par exemple : Un mécanisme de protection civile, qui peut intervenir dans et hors de la communauté ; accorder de l'aide humanitaire aux populations civiles frappées par une catastrophe en dehors de la communauté ; et aussi des instruments spécifiques pour faire face à des situations de gestion de crise telles que le mécanisme de réaction rapide, des missions civiles de gestion de crise dans le cadre de la politique extérieure de sécurité et de défense.

327. Il est indispensable d'assurer une meilleure information des citoyens en matière de protection consulaire. À cette fin, la Commission doit prendre certaines recommandations. Les institutions et les États membres doivent assurer l'information périodique des citoyens et des milieux professionnels impliqués dans le transport des personnes, tels que les agences de voyages. Des exemples consistent dans la diffusion de brochures d'information, le placement d'affiches dans les lieux tels que les aéroports, les ports, les gares ou les bureaux de délivrance de passeports, l'information sur le site de la CEDEAO et sur le site internet des représentants de la Commission dans les pays tiers.

328. Un autre exemple est donné par les appels téléphoniques et courriels qui pourraient mis en place à cet effet, permettant aux citoyens de poser des questions en matière de protection consulaire et diplomatique dans les pays tiers. Ces recommandations peuvent être entre autres : la diffusion de brochures, y compris dans les milieux professionnels impliqués ; informer les citoyens par la création d'un site internet des représentations de la commission dans les pays tiers ; il faut aussi le placement d'affiches dans les aéroports, les ports, les gares ou tout autre lieu approprié.

Section II

L'institution d'un mécanisme de suivi des principes fondamentaux de la citoyenneté

« *Sensibiliser davantage les citoyens aux droits et responsabilités attachés à la citoyenneté de la communauté et d'améliorer leurs connaissances particulières en la matière afin de leur permettre d'exercer pleinement leur droit de circuler et de séjourner librement sur le territoire des États membres* »

329. Un système de suivi et de contrôle doit être mis en place pour s'assurer que les textes sont bien appliqués au niveau interne. Ces suivis et évaluations peuvent être confiés au centre créé à cet effet dans les différentes frontières dans la zone CEDEAO et recruter des jeunes et leurs formés pour cela. Il est indispensable d'assurer une meilleure information des citoyens sur des questions de l'intégration, plus spécifiquement sur la démocratie, la gouvernance, sur la notion de la libre circulation des personnes, sur les textes mêmes de la CEDEAO. C'est pourquoi nous vérifions le bien-fondé de l'interrogation sur la place de l'information dans le processus (**Paragraphe I**), avant de voir en (**Paragraphe II**) les enseignements à tirer après la crise sanitaire de COVIDE-19.

Paragraphe I : La place de l'information dans le processus de la communication communautaire

« *La sensibilisation est un autre moyen de développer chez les citoyens un esprit patriotique et d'interpeller chacun sur sa responsabilité dans la construction du pays*[230] »

330. Pour parler de l'importance et la place de l'information dans le processus de la communication communautaire, il importe tout d'abord de définir la communication internationale, puis l'information, avant d'examiner comment ces deux éléments peuvent se combiner entre eux pour changer les comportements et canaliser les flux de consommation. Le terme « *communication* » peut être entendu, en premier lieu, dans son sens banal : il désigne alors l'ensemble des *moyens* par lesquels deux groupes distincts entrent en rapport. Ce sont, par exemple, les voies de communication[231], ou encore les instruments par lesquels les ressortissants des États échangent des messages[232].

331. Dans un second sens, plus technique, le terme « *communication* » désigne plutôt le contenu ou le résultat des échanges qui transitent par les voies et les instruments

[230] D-B. ONGONO BIKOE, « Changement des mentalités et changements institutionnels : des impératifs pour crédibiliser la démocratie en Afrique », in Revue internationale éthique sociétale et gouvernementale, vol. 13, n° 2/2011, p. 3

[231] Terrestres, aériennes, maritimes ou fluviales.

[232] Par exemple des services postaux, radiodiffusion et télévision, etc.

ci-dessus mentionnés. Pour tenir compte de ces deux éléments, qui ont chacun leur importance, on entendra ici par « *communication communautaire* » l'ensemble des flux de relations et/ou d'échanges qui portent sur autre chose que des prestations matérielles.

332. À partir de cette précision, il est possible de reformuler ainsi en termes plus opératoires la préoccupation que nous voulons en évidence : dans quelle mesure le recours aux moyens d'information est-il susceptible d'infléchir le processus ou bien l'usage de l'information va contribuer à changer les mentalités (**B**), cela se traduira nécessairement par la prise compte des citoyens communautaires dans la définition des politiques d'intégration sous régionale (**A**).

A. Remettre les ressortissants des États membres au cœur de la politique de l'intégration sous régionale

> « *Les citoyens doivent être la finalité de tout développement, l'État de droit est aussi à ce prix* »

333. Si le concept de développement humain[233] est devenu le nouveau paradigme du développement, c'est bien parce qu'il met l'homme au cœur de l'économie politique. Il a le mérite de promouvoir une vision plus large du développement qui dépasse la simple croissance des richesses matérielles et financières, pour intégrer les processus de leur répartition[234]. Lorsque l'on jette un regard sur les différentes crises survenues et actuellement en cours dans les États de la

---

[233] Le développement humain se caractérise par l'articulation entre les logiques quantitatives de croissance économique et financière, et les processus qualitatifs du bien-être social. Il doit permettre logiquement à toutes les catégories de la population, et notamment aux plus faibles, un accès plus facile à la santé, à l'éducation et aux ressources nécessaires à la qualité de la vie. L. CISSE, « *La problématique de l'État de droit en Afrique de l'Ouest : analyse comparée de la situation de la Côte d'Ivoire, de la Mauritanie, du Libéria et de la Sierra Leone* », Thèse de doctorat, Université Paris-Est, 2009, p. 157.
[234] *Idem.*

CEDEAO, on va sans doute se rende compte à l'évidence de la problématique de la juste répartition des richesses et de la pauvreté galopante comme de réelles soupapes de déstabilisation parfois ignorées sciemment par les gouvernants.

334. Il est important de faire des réformes qui aillent dans le sens d'une mobilisation de tous les acteurs économiques et sociaux. De telles réformes surtout en situation de contestation permanente de la légitimité de la communauté, passeront inévitablement par une meilleure répartition des richesses et des ressources créées.

335. La politique communautaire de la CEDEAO n'a de sens que si les citoyens se sentent effectivement concernés et visés par les prises de décision et les actions de l'organisation. Les chefs d'État et de gouvernement doivent changer leur façon de gérer les crises dans les États, et montrer par la même que la CEDEAO doit être celle des peuples avant d'être celle des chefs d'État. La dynamique du marché commun doit être relancée. L'enjeu est à la fois de créer un cadre propice au tour de la croissance économique, de rétablir la confiance des citoyens dans le processus de l'intégration et de répondre au défi de la cohésion. À cette fin, les citoyens communautaires doivent pouvoir exercer pleinement leur droit à la libre circulation sans contrainte, ni entrave. Pour cela, il faut éliminer les obstacles rencontrés par les ressortissants des États membres.

336. Il importe même de tenir compte de la société civile dans son ensemble. S'exprimant sur l'Afrique de l'Ouest, l'ex-Président nigérian OBASANJO déplore le fait que, en un quart de siècle d'existence de la CEDEAO, « *aussi bien l'intégration économique que la coopération pour la paix et la sécurité* » ont été « *laissées aux seules mains des gouvernements* » tandis que *« très peu a été fait pour intégrer dans le processus le secteur privé et la société civile*[235] ».

---

[235] Préface de Olesegun OBASANJO in A. AYISS « *Une vision de*

Reconnaissant de ce fait que les populations ouest-africaines ont été « *laissées à l'écart* », le Président OBASANJO déclare qu'il est temps pour la CEDEAO de changer de politique et de passer du paradigme de la sécurité régionale, globalement perçue comme sécurité de l'État, à un nouveau paradigme, mettant « *l'accent à la fois sur le développement et la sécurité centrée sur l'humain*[236] ».

337. Ainsi, le credo de la nouvelle gouvernance : le peuple doit être au centre de tout. Du point de vue purement politique, il est tout à fait bon de traduire le paradigme de la centralisation sur le peuple, par l'idée que l'homme doit être le départ, le centre et la fin du développement d'un pays. Celui-ci doit prendre racine dans la culture quotidienne, les principes de vie et les valeurs que les populations ont en partage et qui rythment leur quotidien.

338. Cependant, les principes fondateurs de la nouvelle gouvernance sont sans doute la résilience[237], la transparence et la responsabilité. Du point de vue économique, la position à soutenir à notre avis est que les forces du marché ne peuvent pas répondre aux besoins des populations car pour elles tout n'est que marchandises. L'État est par contre

---

l'intégration pour le XXIe siècle ». Coopération pour la paix en Afrique de l'Ouest : agenda pour le XXI siècle, I, Nations Unies/UNIDIR/New York et Genève, 2001.

[236] *Ibid.*

[237] La résilience est la capacité d'une personne ou d'un groupe à se développer bien, à continuer à se projeter dans l'avenir, en présence d'événements déstabilisants, de conditions de vie difficiles, de traumatismes parfois sévères. Dans le contexte la crise sanitaire a montré les limites et la capacité des pays africains, la résilience alors est souvent exprimée dans la capacité d'une économie nationale à limiter la destruction d'emplois (et donc la montée du chômage) en période de crise et après la crise, ainsi que sa capacité à recréer des emplois rapidement après la récession. Voir M. TALANDIER, « *Les enjeux économiques de la résilience urbaine* », Presses universitaires de Grenoble (PUG), 2020, p. 8.

le garant des droits, des devoirs et des besoins de tous, pour cela, il ne doit pas être un désordre, mais une démocratie où l'on rend des comptes et l'on agit au nom de l'ensemble des citoyens. Une société nouvelle, pensée principalement sur la base de la résilience, le partage et l'interdépendance entre les citoyens devrait enfin promouvoir une économie où les entreprises sont appelées à croitre et à assurer la prospérité, le bien-être et un avenir durable à tous.

339. Dans la nouvelle gouvernance, la concentration des richesses et de la pauvreté ne doit pas être tolérée. Il faut mettre les intérêts de la nation et ceux du plus grand nombre au-devant des engagements nationaux et internationaux. Se démettre ou être démis quand on ne peut pas respecter ces principes doit être tenu pour la seule attitude responsable et de loyauté des gouvernants envers les gouvernés.

B. L'information comme moyen de transformation des mentalités et des comportements

« Être informé, c'est être libre[238] »

340. Être un véritable citoyen, agir comme tel, participer à la vie publique, discuter puis choisir de façon avisée et constructive n'est pas une disposition innée ; cela doit s'apprendre. Il y a un apprentissage à faire pour atteindre une bonne compétence civique, c'est-à-dire une compréhension adéquate des rouages institutionnels de la vie politique, une connaissance suffisante des grands problèmes

238 René LEVESQUE est un homme d'État québécois né le 24 août 1922 à Campbellton (Nouveau-Brunswick) et mort le 1er novembre 1987 à Montréal (Québec). D'abord connu comme journaliste, animateur de radio et de télévision, il est l'un des principaux artisans de la Révolution tranquille au sein du Parti libéral, pilotant l'achèvement de la nationalisation de l'électricité, et un ardent défenseur de la souveraineté politique du Québec. À la tête du Parti québécois, un parti indépendantiste dont il est à l'origine, Lévesque est Premier ministre de la province de 1976 à 1985. En 1980, il tient le premier référendum sur l'indépendance du Québec. https://fr.wikipedia.org/wiki/Ren%C3%A9_L%C3%A9vesque.

auxquels la société fait face et une habileté à saisir la complexité du réel avec toutes ses liaisons et ses interactions, ses phénomènes multidimensionnels et ses implications. La compétence civique, c'est l'oxygène de la démocratie[239]. On ne peut nier l'importance, dans n'importe quel contexte organisationnel et décisionnel, d'un haut niveau de conscience fondée sur une connaissance profonde et vaste de la réalité.

341. Dans une perspective d'élargissement de la participation citoyenne dans les États africains où les experts et les spécialistes dominent, cette dimension est encore plus fondamentale. C'est d'ailleurs sur elle que repose l'exercice éclairé de la souveraineté populaire. Le droit de s'exprimer, de participer puis de décider ne suffit pas. Il doit être soutenu par une bonne éducation politique, une maîtrise adéquate du savoir et une capacité d'organiser l'information. Faut-il rappeler qu'une décision prise démocratiquement, donc issue d'une majorité de citoyens ou même d'une majorité parlementaire, n'est pas nécessairement une bonne décision, notamment quand elle est prise dans la précipitation et l'ignorance générale, sous l'influence néfaste de coups d'État émotionnels ou de partisanerie aveugle.

342. Cela dit, il n'est pas facile de mesurer le niveau de *démocratie cognitive* et de compétence civique des citoyens, d'autant plus qu'il est impossible depuis longtemps déjà de posséder une connaissance encyclopédique et universelle. Néanmoins, comme l'a démontré un auteur[240], en utilisant différents indicateurs, on peut en apprécier la valeur et effectuer des comparaisons qui confirment l'évidence : la participation à la vie politique est plus active et d'une qualité supérieure dans les sociétés où les compétences

---

[239] J.-P. CHARBONNEAU, « De la démocratie sans le peuple à la démocratie avec le peuple », in Revue internationale d'Éthique sociale et gouvernementale, Vol. 7, n°1/2005, p. 6.

[240] H. MILNER, « *La compétence civique* », Québec, Presses de l'université Laval, 2004.

civiques sont fortes. Parmi les indicateurs utilisables pour évaluer la compétence civique, on peut mentionner le taux d'alphabétisation et la fréquentation scolaire, les aptitudes de lecture et d'écriture, le degré de connaissances dans certaines matières liées à la vie en société, le niveau d'écoute de la radio et de la télévision en relation avec le taux de lecture des journaux, le genre d'émissions préférées tout comme le nombre de médias disponibles ainsi que le tirage des diverses publications d'information, la participation aux activités d'éducation des adultes et la fréquentation des bibliothèques, le taux de pénétration des nouvelles technologies de l'information, et beaucoup d'autres.

343. Toute tentative visant à influencer les mentalités et les comportements d'une population se heurte à de sérieux obstacles. Qu'il s'agisse d'améliorer la compréhension entre les peuples ou d'exercer une influence sur un autre peuple, l'information est donc à la fois un outil nécessaire à défaut duquel les mentalités et les comportements risquent de se figer et un instrument d'une efficacité très relative[241], puisque l'information se heurte à de très nombreux et très sérieux obstacles.

Paragraphe II : Quels enseignements, les États membres de la CEDEAO peuvent tirer de la gestion de la pandémie COVID-19

344. La pandémie de COVID-19 que nous vivons aujourd'hui comme d'ailleurs toutes les autres pandémies passées, la crise économique et financière qui se profilent comme les dépressions que les économies africaines ont déjà connues sont des moments de réflexion et des temps forts pour trouver en soi les ressorts du rebond[242]. La

---

[241] M. MERLE, « Le rôle de l'information dans le processus de la communication internationale », in Revue des questions allemandes, décembre 1979, p. 366.

[242] Préface du Président Laurent GBAGBO, in P. KIPRE (sous dir.),

pandémie COVID-19 est une alerte suffisante pour corriger les imperfections de la mondialisation qu'imposent les progrès de l'humanité. La question n'est donc plus de combattre le mouvement de la mondialisation en lui-même, mais plutôt de le corriger pour rendre conforme aux valeurs d'humanisme, de vraie solidarité, et à l'esprit de créativité qui est commun à tous les êtres humains.

345. Cependant, il est temps de reprendre et de savoir ce que les États membres doivent, ce qu'ils peuvent, ce qu'ils attendent de l'avenir. En effet, rien *a priori,* ne justifie les sombres prédictions de l'impact démographique du COVID-19 en Afrique. Rien n'autorise à accepter ou à attendre toujours la fatalité de la pauvreté en raison des faibles positions actuelles dans la mondialisation économique, financière et technologique des africains. Pour justifier le bien-fondé de notre démonstration dans ce paragraphe, il sera nécessaire d'évoquer en (**A**) les défis à relever après la crise sanitaire, et en (**B**), la question d'une véritable intégration politique africaine.

A. Relever le défi de la recherche scientifique, de la formation et du développement

« Former, innover et inventer pour produire en Afrique ce que nous consommons »

346. La crise du COVID-19 a le mérite de reposer la problématique du développement économique soulevée, il y a quelques années par un sociologue et philosophe[243].

« *Oser les ruptures. L'Afrique de l'après-COVID-19* », éd., Terra Mater International, Paris, 2020, p. 9. Voir M. NIAKATE, « *Les effets de la Covid-19 sur la gouvernance de la sécurité au Mali. Quel rôle et quelles responsabilités pour les acteurs du secteur de la sécurité ?* », DCAF, Centre pour la gouvernance du secteur de la sécurité, Genève, juillet, 2020, pp. 1-5.

[243] M. CLOUSCARD, « *Le capitalisme de la séduction, critique de la social-démocratie* », éditions sociales, 1981.

L'auteur défend un autre fondement du contrat social. En effet, selon lui, « *le principe constitutif de toute société est la mise en relation de la production et de la consommation*[244] ». En d'autres termes, lorsqu'il existe une dichotomie entre la production et la consommation dans une société, le contrat social s'en trouve autant rompu.

347. Pour l'Afrique, le jugement est implacable. L'économie de type colonial que les États membres cultivent depuis plusieurs siècles, malgré les indépendances des années 1960, ne leur conduit qu'à l'illusion collective. Leur générosité fiscale envers les multinationales est ridicule. La compétition, au lieu de la complémentarité, de leur économie ruine profondément leur modèle économique.

348. La dette comme unique porteuse de la croissance économique condamne les États et renforce leur responsabilité vis-à-vis des générations futures. L'intégration économique sans véritablement l'intégration politique et institutionnelle est des leurres. En somme, il est urgent, pour la CEDEAO, de tirer les leçons de cet état de fait et d'apporter des remèdes pour l'avenir.

349. En effet, la crise sanitaire a conduit à se demander : « *c'est quoi finalement le développement ?* ». La question est posée à tous les Africains et particulièrement aux chefs d'État et de gouvernement de la CEDEAO. À quoi sert en effet, une production économique dont l'offre ne permet pas de répondre à la demande de consommation des biens collectifs minimums tels que la santé, l'éducation, la nourriture et le logement ?

350. La crise du COVID-19 doit être perçue comme une opportunité de développement industriel en Afrique, puisse que mettant en évidence la force de créativité des États. Or, on ne peut envisager une vraie politique industrielle sans une politique de recherche scientifique et technique, et un

[244] *Idem.*

système de formation lié à la recherche qui fournit le marché de l'emploi en travailleurs capables de maitriser les techniques innovantes. Il faut donc une redynamisation de la recherche scientifique par le soutien aux laboratoires et aux jeunes équipes de recherche en Afrique, qui est en parfaite cohérence avec l'agenda 2063 et CESA 2025 de l'Union africaine et tout logiquement avec l'agenda 2030 des Nations Unies[245].

351. Compte tenu du nombre de produits fournis très élevé d'ailleurs par le secteur industriel et importés en Afrique aujourd'hui, il serait sans nul doute utopique de croire qu'un seul pays africain peut disposer du nombre de laboratoires, de chercheurs et d'industries nécessaires pour adapter toutes les techniques et construire les usines nécessaires pour produire tous ses biens dont on a besoin. Seule une véritable politique concertée dans la CEDEAO peut permettre de saisir ces opportunités et réaliser les objectifs d'un développement scientifique, technologique et industriel autonome. D'où la nécessité d'accélérer le processus de l'intégration politique et institutionnelle.

---

[245] Le Commissaire de la CEDEAO, le Professeur Leopoldo Amado, a rappelé avec force et détails l'immense retard de sa sous-région en matière d'infrastructures de la connaissance et des formations en ligne et invite les États membres à investir massivement dans les infrastructures technologiques et éducatives. Il conclura ses propos, en rappelant que le plan COVID-19 de la CEDEAO pour la continuité des cours est co-construit avec le Bureau régional de l'UNESCO, pour l'Afrique de l'Ouest, basé à Abuja. Ce plan prend en compte, la digitalisation des cours, mais aussi à la diffusion des émissions éducatives à la radio et à la télévision, in actes de visioconférence conjointement organisé les Bureaux régionaux de l'UNESCO à Abuja et à Nairobi sur « *La réponse de l'Enseignement supérieur à COVID-19 - L'Enseignement supérieur en Afrique : défis et solutions à travers les TIC, les Formations en ligne, l'Enseignement à distance et l'Inclusion digitale* », les 14 et 19 mai 2020. Disponible sur le www.unesco.org consulté le 17/8/2012.

B. L'accélération du processus de l'intégration politique entre les États africains

« Union fait la force »

352. L'union fait la force doit-on le rappeler, la Communauté économique des États de l'Afrique de l'Ouest doit au vu de toutes les crises multiformes qui leur secouent, et naturellement les autres sous-régions en Afrique, accélérer le processus d'intégration politique. Cette phase est extrêmement importante pour leur permettre d'avoir une vision commune en termes des échanges commerciaux et économiques qui répondent aux exigences du monde actuel. Comme indiqué dans la déclaration solennelle du 50ème anniversaire lors des célébrations du Jubilé d'or de la création de l'OUA/UA en mai 2013.

La déclaration a marqué la réaffirmation de l'Afrique dans la réalisation de la vision panafricaine pour une « *Afrique intégrée, prospère et pacifique, dirigée par ses propres citoyens, et représentant une force dynamique sur la scène mondiale*[246] ». Seule une véritable intégration politique peut réaliser de manière concrète cette vision panafricaniste sur une période aussi courte.

353. Cependant, l'Union africaine (UA) a pris des dispositions qui traduisent certains aspects de cette vision commune. L'agenda 2063 est le schéma et le plan directeur visant à transformer l'Afrique en puissance mondiale de l'avenir. C'est le cadre stratégique du continent qui vise à atteindre son objectif de développement inclusif et durable. Il s'agit d'une manifestation concrète de la volonté panafricaine d'union, d'autodétermination, de liberté, de

---

[246] Voir la déclaration solennelle sur le cinquantième anniversaire de l'OUA/UA, adoptée par la vingt et unième session ordinaire de la conférence des chefs d'État et gouvernement de l'union africaine, Addis-Abeba, le 26 mai 2013.

progrès et de prospérité collective poursuivie dans le cadre du panafricanisme et de la renaissance africaine.

354. La genèse de l'Agenda 2063 a été la prise de conscience par les dirigeants africains de la nécessité de recentrer et de redéfinir les priorités du programme de l'Afrique en partant de la lutte contre l'apartheid et de la réalisation de l'indépendance politique du continent qui avait été au centre de l'organisation de l'unité africaine (OUA), les précurseurs de l'Union africaine; et au lieu de donner la priorité au développement social et économique inclusif, à l'intégration continentale et régionale, à la gouvernance démocratique et à la paix et la sécurité, parmi d'autres questions visant à repositionner l'Afrique pour devenir un acteur dominant sur la scène internationale.

355. Mais à vrai dire, il manque jusqu'à présent une union politique et un leadership capable de porter cette vision et de la défendre devant les partenaires à la fois nombreux et violents entre eux[247]. C'est grâce à cette unité politique que l'Afrique pourra obtenir une décentralisation des structures de contrôle de l'économie à l'échelle mondiale. Mais le centralisme excessif des institutions de contrôle des instruments économiques à l'échelle mondiale plombe sans doute leur efficacité en direction des pays aux économies faibles. Les pays africains doivent participer à la correction et à la reconstruction d'un nouvel ordre économique mondial qui se profile à l'horizon.

---

[247] J. K. KONE, « L'Afrique : l'audace du changement », in P. KIPRE (sous dir.), « *Oser les ruptures. L'Afrique de l'après-COVID-19* », Terra Mater International, Paris, 2020, pp. 318-319.

CONCLUSION

Peut-on encore miser sur l'intégration africaine dans une région qui est sous la pression permanente, et instabilité politique et institutionnelle sans précédente ? Dans tous les domaines, de la libre circulation des personnes, à la gouvernance globale, et de la démocratie qui paraissent vouées à l'incertitude. Certes, nous ne savons ni à quel rythme ni jusqu'à quelle distance nous irons dans cette voie.

L'histoire s'écrit sous nos yeux. L'année 2020-2021 qui vient de s'écouler a été riche en événements, et les symptômes décrits dans ce livre n'ont pas disparu, bien au contraire.

La région de l'Afrique de l'Ouest est en déséquilibre institutionnel et politique et la bascule semble possible à tout moment, souvent en raison de l'absence de vision d'une vraie politique de développement de la Communauté économique des États de l'Afrique de l'Ouest. Le résultat des élections et la gestion du pouvoir dans la plupart des États membres ont confirmé le décrochage entre les peuples et les dirigeants. Le peuple, soucieux de son avenir, a envoyé un signal clair à la CEDEAO sur la nécessité de modifier la donne, en passant des déclarations à l'action.

POSTFACE

Dans le contexte d'insécurité et d'instabilité que nous vivons, plus que jamais, il nous faut des Chefs d'État pour nos États, il nous faut retrouver le désintéressement, l'authenticité et l'envie de se donner pour son pays, car toute autorité est un service.

À l'analyse de la crise sous régionale, nous pensons que quatre idées sont essentielles pour sortir de cette situation.

Le carburant de l'autorité est la confiance. C'est elle qui permet l'acceptation et la délégation, car la vraie responsabilisation passe d'abord par cette relation confiante entre le dirigeant et ses concitoyens. Le bon chef d'État est absorbeur d'inquiétude et un diffuseur de confiance.

L'autorité est la deuxième idée essentielle. Elle n'est ni la dureté froide ni la mollesse tiède. Elle évite la raideur et la démagogie. Elle fait croitre ceux qui obéissent et fait grandir collectivement. Elle est cette élévation vers quelque chose de plus grand, de plus beau, de plus vrai, vers le bien commun. Elle repose sur deux piliers indissociables : l'humanité qui nourrit et la fermeté qui ordonne.

L'autorité donne la vision et la stratégie fixe le cap. Malheureusement, nos dirigeants sont parfois de bons politiciens, ils sont souvent de mauvais stratèges. Le passé est suspect, et le futur imprévisible.

Il nous manque des Chefs d'État, qui incarnent une voix et fixent la voie. Avec l'expérience de ces dernières années dans les États membres de la CEDEAO, nous pensons que cinq qualités méritent particulièrement d'être mises en exergue. L'exemplarité d'abord, qui est nécessaire, mais surtout éliminatoire.

L'authenticité nous semble aussi essentielle dans nos États où l'on se demande toujours si les dirigeants pensent ce qu'ils disent ou s'ils sont simplement dans la récitation d'éléments de langage et dans une phase de communication préparée.

Enfin, l'ouverture aux autres fait du dirigeant un homme de responsabilité et non pas de pouvoir. Elle engendre la bienveillance. Elle conduit à la réconciliation, terreau de la vraie performance durable.

Ces problématiques de l'autorité, de management, du leadership, de la conduite du changement, de la transformation des pays africains intéressent les citoyens ouest-africains pour l'aspiration à la reconstruction et à l'union sacrée.

L'auteur

Fait à Bamako, le 14/12/2021

BIBLIOGRAPHIE

I. OUVRAGES

A. B. TREDANO, « *Intangibilité des frontières coloniales et espace étatique en Afrique* », LGDJ, Paris, Coll., Bibliothèque africaine et malgache, 1989, p. 255.

A. CONSTANT, « *De la liberté des anciens comparée à celle des modernes* », discours prononcé à l'Athénée de Paris 1819.

A. SALL, « *Les mutations de l'intégration des États en Afrique de l'Ouest. Une approche institutionnelle* », L'Harmattan, Sénégal, 2006, p. 189.

Le contentieux de la violation des droits de l'homme devant la cour de justice de la CEDEAO », L'Harmattan, 2019, Sénégal, p. 264.

A. KESSELER, « *Droit de la protection sociale* », Coll., cours, Dalloz, Paris, 2000, p. 1.

B. MARAIS, « *Des indicateurs pour mesurer le droit ? Les limites méthodologiques des rapports Doing Business* », LDF, Paris, 2006, p. 153.

C. SPERBER, « *Dictionnaire d'éthique et de philosophie morale* », Paris, PUF, 1996, p. 2080.

D. SCHNAPPER, « *Qu'est-ce que la citoyenneté ?* » Gallimard, 2000, p. 320.

F. JAULT-SESEKE, S. CORNELOUP, S. BARBOU DES PLACES, « *Droit de la nationalité et des étrangers* », PUF, Paris, 2015, p. 30.

F. COULIBALY, « *Dialogue social au Mali. Réalité et enjeux* », L'Harmattan, Paris, 2019, p. 514.

F. BORELLA, « *Citoyenneté et nationalité. Perspectives en France et au Québec* », D. COLAS, C. EMERI, J. ZYLBERBERG (sous dir.), PUF, Paris, 1991, p. 221.

G. BURDEAU, « *Traité de science politique* », T. VII, « *La démocratie gouvernante, son assise sociale et sa philosophie politique* », LGDJ, 1973, n° 171, p. 461.

H. MILNER, « *La compétence civique* », Québec, Presses de l'Université Laval, 2004.

I. GUY, BLANQUET MARC, « *Droit communautaire général* », p. 13.

J. BODIN, « *Les six livres de la République* », Paris, 1583, I, VI, p. 100.

J-Y CARLIER, S. SAROLEA, « *Droit des étrangers et nationalité* », éd., Larcier, 2005, pp. 13-14.

J. CARBONNIER, « *Flexible droit, pour une sociologie du droit sans rigueur* », 6° éd., LGDJ, Paris, 1988, p. 124.

M. OFFERMANN, « *Les risques d'apatridie au Mali et pour les Maliens vivant à l'étranger. En application des législations et pratiques à la nationalité, au Mali et dans les pays d'accueil de Maliens* », UNHCR, août 2020, p. 10.

M. TOMMASOLI, (sous dir.), « *Démocratie et droits de l'homme : le rôle de l'ONU* », Document directif, 2013.

M. J. REDOR, « *De l'État légal à l'État de droit, l'évolution des conceptions de la doctrine publiciste française, 1879-1917* », Economica/PUAM, 1992, p. 389.

M. GAUCHET, « *La démocratie contre elle-même* », Paris, Gallimard, 2002.

M- I. DIARRA, « *C'est possible au Mali* », éd., cherche midi, 2017, p. 150.

M. TALANDIER, « *Les enjeux économiques de la résilience urbaine* », Presses universitaires de Grenoble (PUG), 2020, p. 8.

M. NIAKATE, « *Les effets de la Covid-19 sur la gouvernance de la sécurité au Mali. Quel rôle et quelles responsabilités pour les acteurs du secteur de la sécurité ?* », DCAF, Centre pour la Gouvernance du secteur de la Sécurité, Genève, juillet, 2020, pp. 1-5.

M. CLOUSCARD, « *Le capitalisme de la séduction, critique de la social-démocratie* », éditions sociales, 1981.

M. ESOAVELOMANDROSO, G. FELTZ, (sous dir.), « *Démocratie et développement : Mirage ou espoir raisonnable ?* », éd., Karthala, Paris, 1992, pp. 20-21.

O. SONKO, « *Solution pour un Sénégal nouveau* », 2018, p. 13.

P. MAGNETTE, « *La citoyenneté européenne* », éditions de l'université de Bruxelles, 1999, p. 66.

P. SINGLER, « *Quelques d'éthiques pratiques* », Paris, Bayard, 1997, p. 14.

P. MAGNETTE, « Le principe démocratique au-delà de la représentation », p. 53.

P. MAGNETTE, « Entre contrôle parlementaire et « État de droit » : le rôle politique du Médiateur dans l'Union européenne », p. 933.

P. ROSANVALLON, « *La contre-démocratie : la politique à l'âge de la défiance* », éd., Seuil, Paris, p. 10.

S. GUINCHARD, TH. DEBARD, « *Lexique des termes juridiques* », 27° éd., Dalloz, 2019,

V. CANSTANTINESCO, R. KOVAR, D. SIMON, (sous dir.), « *Traité sur l'Union européenne (signé à Maastricht le 7 février 1992) - commentaire article par article* », Economica, Paris, 1995, p. 129.

Y. BOIVERT, « *Le postmodernisme* », Montréal, Boréal, 1995.

II. THÈSES ET MÉMOIRES

A. EFTIMIE, « *La citoyenneté de l'union : contribution à l'étude d'une communauté politique plurielle* », Thèse de doctorat, Université Montesquieu-Bordeaux IV, 2012, p. 989.

A. DANG, « *Égalité de traitement et libre circulation des travailleurs en droit communautaire de la protection sociale* », Mémoire de DEA, Université Lille 2, 2001-2002, p. 9.

B-A. ADAMOU, « *Le constitutionnalisme à l'épreuve de l'intégration dans l'espace CEDEAO : contribution à l'étude de la protection des droits fondamentaux depuis l'ouverture démocratique en Afrique* », Thèse de doctorat, Université de Toulon, 2018, p. 670.

D. K. KOUAKOU, « *Le dialogue social en Côte d'Ivoire* », Thèse de doctorat, Université de Bordeaux, 2020, p. 16.

L. CISSE, « *La problématique de l'État de droit en Afrique de l'Ouest : analyse comparée de la situation de la Côte d'Ivoire, de la Mauritanie, du Libéria et de la Sierra Leone* », Thèse de doctorat, Université Paris-Est, 2009, p. 157.

M. BAMBA, « *La liberté de circulation et le développement en Afrique de l'Ouest et du centre : cas des espaces CEDEAO et CEEAC-CEMAC* », Thèse de doctorat, Université Cheikh Anta de Dakar, p. 72.

M. NGOM, « *Droit et intégration économique dans l'espace l'UEMOA : Le cas de la régulation juridique de la concurrence* », Thèse de doctorat, Université de Nantes, 2007, p. 14.

M. ZAKARIA, « *Qu'est-ce qu'un peuple ?* », mémoire de master II, Université Pierre Mendès France de Grenoble, 2013, p. 13.

S. BARBOU DES PLACES, « *Nationalité des personnes physiques et droit communautaire* », Thèse de doctorat, Université de Nancy II, 1996, p. 166.

S. ROBIN-OLIVIER, « *Le principe d'égalité en droit communautaire* », Thèse de doctorat, université d'Aix-Marseille, 1999, p. 19.

III. ARTICLES

A. CISSE NIANG, « Dialogue social : quelques pistes d'échanges sur un concept à géométrie variable et des pratiques polymorphes », in PH. AUVERGNON, CH. KENOUKON (sous dir.), « Dialogue social dans les pays de l'espace OHADA et ailleurs dans le monde : la part du droit », L'Harmattan, Paris, 2018.

A. SALL, I-M. FALL, « Une constitution régionale pour l'espace CEDEAO : le protocole sur la démocratie et la bonne gouvernance de la CEDEAO », p. 4.

A. LESCAUT, « La franchise, premier pas vers le changement ? », in Géopolitique africaine. Sahara, L'Algérie perd son atout maitre, Paris, Albin Michel, juin 1986, p. 33.

A. YVARS, « L'efficience des organisations d'intégration régionale en Afrique : une approche économique », in Mathieu FAU-NOUGARET (sous dir.), « La concurrence des organisations régionales en Afrique », L'Harmattan, Paris, 2012, p. 51.

A-A. GBECHOVI, « L'intégration sociale, question de genre et migration du travail en Afrique : cas des pays membres de la CEDEAO », in Revue africaine de Science politique et sociale, janvier 2027, n° 12, p. 167.

A. CHEVAL, « Politique sociale européenne et nouvelle société », in Études de droit du travail offertes à A. BRUN, Libraire sociale et économique (LES), Paris, 1974, p. 139.

A. VENTURA, « La gouvernance démocratique et l'intégration économique. Regards croisés entre le Mercosur et l'Union européenne », in Revue Droit & Société, 2005/1, p. 94.

B. RENAULD, « Le code de la nationalité belge. Présentation synthétique et développement récents », in J.-Y. CARLIER, S. SAROLEA, « Droit des étrangers et nationalité », Larcier, Bruxelles, 2005, p. 55.

D. LOCHAK, « La citoyenneté, un concept juridique flou », in D. COLAS, C. EMERI, J. ZYLBERG (sous dir.), « Citoyenneté et nationalité. Perspectives en France et au Québec », PUF, 1991, p. 179.

D. ROMAN, « La justiciabilité des droits sociaux ou les enjeux de l'édification d'un État de droit social », in Revue des Droits de l'Homme, juin 2012, pp. 1-41.

D. TOUNKARA, « Réalités du dialogue social au Mali et responsabilité du droit », in PH. AUVERGNON, CH. KENOUKON (sous dir.), « Dialogue social dans les pays de l'espace OHADA et ailleurs dans le monde : la part du droit », L'Harmattan, Paris, 2018,

D. DUEZ, « Libre circulation, contrôles aux frontières et citoyenneté », in Revue belge de Géographie, 2/2015, p. 3.

D-B. ONGONO BIKOE, « Changement des mentalités et changements institutionnels : des impératifs pour crédibiliser la démocratie en Afrique », in Revue internationale éthique sociétale et gouvernementale, vol. 13, n° 2/2011, p. 3.

E. TEZCAN, « Les personnes physiques et l'Union européenne : le passage de la libre circulation à la citoyenneté européenne », in Revue québécoise de Droit international (1998) 11.1, pp. 343-351.

E. BERNARD, Y. DELOYE, « École et citoyenneté. L'individualisme républicain de Jules Ferry à Vichy : controverses », in Revue française de Pédagogie, vol. 115, 1996. Les collèges. pp. 124-126.

H. MIITALA, « Rapport d'évaluation du système d'enregistrement des faits d'état civil », in Centre d'excellence sur les systèmes d'enregistrement et de statistiques de l'état civil (ESEC), en partenariat avec la Commission économique des Nations Unies pour l'Afrique (CENUA), 2021.

J.-T. HOTTINGER, « La citoyenneté de l'Union européenne : reconfiguration des citoyennetés en Europe », in P. BOSSET, M. COUTU, C. GENDREAU, D. VILLENEUVE (sous dir.), « Droits fondamentaux et citoyenneté. Une citoyenneté fragmentée, limitée et illusoire », éd. Thémis, 2005, p. 254.

J. CHEVALLIER, « L'État régulateur », in Revue française d'Administration publique, 2004/3 n°111 | p. 4734.

J. STONESTREET, « finalités de l'observation des élections dans le vote électronique », Le Seuil, 2011/2 n° 51, pp. 75-89.

J-P. CHARBONNEAU, « De la démocratie sans le peuple à la démocratie avec le peuple », in Revue internationale d'Éthique sociale et gouvernementale, Vol. 7, n°1/2005, p. 6.

J-K. KONE, « L'Afrique : l'audace du changement », in P. KIPRE (sous dir.), « Oser les ruptures. L'Afrique de l'après-COVID-19 », Terra Mater International, Paris, 2020, pp. 318-319.

K. NUTEFE TSIGBE, K. BAKAYOTA KPAYE, « La question de la libre circulation des biens dans l'espace CEDEAO (1975-2015) », in Revue Interventions économiques, Hors-série, 2017, consulté le 05 janvier 2022.

L. MATALA-TALA, « De la citoyenneté au XXIe siècle », in « État, Société et Pouvoir à l'aube du XXIe siècle », Mélanges en l'honneur de François BORELLA, Presses universitaires de Nancy, 1999, p. 298.

L. FAVREAU, « La lutte contre la pauvreté aujourd'hui : quelle (s) stratégie (s) ? », in Cahiers de la Chaire de

Recherche au Développement communautaire, Université du Québec, janvier 2002, p. 3.

GAUTIER, « Communautaire de l'article 8 du traité sur l'Union européenne », in HANE, « Le développement de la citoyenneté de l'Union européenne », research papers in Law, 1/2006, Collège d'Europe.

M. FAU-NOUGARET, (sous dir.), « Les organisations régionales africaines et les changements de pouvoir anticonstitutionnels », in « La concurrence des organisations régionales en Afrique », L'Harmattan, Paris, 2012, pp. 409-410.

M. DIALLO, « Répondre durablement aux crises : le rôle de la gouvernance démocratique. Leçons tirées du contexte ouest-africain », in BELLINA Séverine, MAGRO Hervé, DE VILLEMEUR Violaine (sous dir.), « La gouvernance démocratique. Un nouveau paradigme pour le développement ? ». Éd., Karthala, Paris, 2008, p. 169.

M. MERLE, « Le rôle de l'information dans le processus de la communication internationale », in Revue des questions allemandes, décembre 1979, p. 366.

P-C. PUPION, « Démocratie, participation et gouvernance publique : quelles voies ? », in Revue Gestion et Management public, 2016/4 volume 5/n°2, pp. 1-2.

R. KOVAR, D. SIMON, « La citoyenneté européenne », in CDE, 1993, p. 292.

R. ARNOLD, « L'État de droit comme fondement du constitutionnalisme européen », in RFDC, 2014/4 (n 100), pp. 769-776.

R. CHARLICK, « Le concept de gouvernance et ses implications en Afrique », in Banque Mondiale, « Managing Development : The Gouverance dimension-A Discussion Paper », du 29 aout 1991, pp. 1-23.

S. BERTHE, M. CHAJES, « Modernisation du Système d'état civil au Mali. Présentation », 2019, ID4D. id4africa.com/2019_event/presentations/InF1/3-Sibiri-Berthe-Mali.pdf.

S.-P. ZOGO NKADA, « La libre circulation des personnes : réflexions sur l'expérience de la CEMAC et de la CEDEAO », in RIDE, 2011/1 t. XXV, p. 126.

S. SARUGGER, « Démocratiser l'Union européenne par le bas ? Des « groupes d'intérêts » à la société civile organisée », in A. COHEN, A. VAUCHEZ, « La constitution européenne. Élites, mobilisation, votes », éd., Université de Bruxelles, Bruxelles 2007, p. 135.

S. KHILNANI, « La société civile : une résurgence », Critique internationale, 2001, n° 10, p. 30.

S. HAYAT, « La république, la rue et l'urne », in Revue Pouvoir, 2006/1(n°116), p. 31-44.

T-L. MARGUE, « L'Europe des citoyens : des droits économiques à la citoyenneté politique », in RMUE, 1996, p. 17.

III. TEXTES COMMUNAUTAIRES

La Convention A/P4/5/82 du 29 mai 1982 portant institution du Transit routier inter-états de marchandises (TRIE).

Le Protocole A/P.1/1/03 du 31 janvier 2003 relatif à la définition de la notion de produits originaires des États membres de la CEDEAO.

Le protocole A/SP1/7/85 portant code de conduite pour l'application A/1/5/79 ; le protocole A/SP1/7/86 relatif à l'exécution de la deuxième étape (droit de résidence) du protocole A/P1/5/79

Le protocole A/SP1/6/88 portant modification des articles 4 et 9 du traité de la CEDEAO relatifs respectivement aux institutions de la communauté et aux commissions techniques et spécialisées

Le protocole A/SP2/5/90 relatif à l'exécution de la troisième étape (droit d'établissement) du protocole A/P1/5/79.

Commission africaine des droits de l'homme et des peuples, « Le droit à la nationalité en Afrique », Étude réalisée par la rapporteuse spéciale sur les réfugiés, les demandeurs d'asile, les personnes déplacées internes et les migrants en Afrique, conformément à la Résolution 234 du 23 avril avec l'approbation de la commission dans sa 55° session ordinaire tenue en mai 2014.

TABLE DES MATIÈRES

Structures éditoriales du groupe L'Harmattan

L'Harmattan Italie
Via degli Artisti, 15
10124 Torino
harmattan.italia@gmail.com

L'Harmattan Hongrie
Kossuth l. u. 14-16.
1053 Budapest
harmattan@harmattan.hu

L'Harmattan Sénégal
10 VDN en face Mermoz
BP 45034 Dakar-Fann
senharmattan@gmail.com

L'Harmattan Cameroun
TSINGA/FECAFOOT
BP 11486 Yaoundé
inkoukam@gmail.com

L'Harmattan Burkina Faso
Achille Somé – tengnule@hotmail.fr

L'Harmattan Guinée
Almamya, rue KA 028 OKB Agency
BP 3470 Conakry
harmattanguinee@yahoo.fr

L'Harmattan RDC
185, avenue Nyangwe
Commune de Lingwala – Kinshasa
matangilamusadila@yahoo.fr

L'Harmattan Congo
67, boulevard Denis-Sassou-N'Guesso
BP 2874 Brazzaville
harmattan.congo@yahoo.fr

L'Harmattan Mali
ACI 2000 - Immeuble Mgr Jean Marie Cisse
Bureau 10
BP 145 Bamako-Mali
mali@harmattan.fr

L'Harmattan Togo
Djidjole – Lomé
Maison Amela
face EPP BATOME
ddamela@aol.com

L'Harmattan Côte d'Ivoire
Résidence Karl – Cité des Arts
Abidjan-Cocody
03 BP 1588 Abidjan
espace_harmattan.ci@hotmail.fr

Nos librairies en France

Librairie internationale
16, rue des Écoles
75005 Paris
librairie.internationale@harmattan.fr
01 40 46 79 11
www.librairieharmattan.com

Librairie des savoirs
21, rue des Écoles
75005 Paris
librairie.sh@harmattan.fr
01 46 34 13 71
www.librairieharmattansh.com

Librairie Le Lucernaire
53, rue Notre-Dame-des-Champs
75006 Paris
librairie@lucernaire.fr
01 42 22 67 13

www.ingramcontent.com/pod-product-compliance
Lightning Source LLC
LaVergne TN
LVHW010936061026
849535LV00007B/2420